拳道概念武器进阶

主编 乔峰 梁涛

双短棍训练

辽宁科学技术出版社
·沈阳·

本书编委会

主　编　乔　峰　梁　涛
副主编　王　震　韦演锋
编　委　(排名不分先后)
　　　　韩云剑　于学风　李琦宇　梁威龙　汤云超　王　祥　付一鸣　王宇轩　张　飞
　　　　李金玉　时光文　郭继勇　陈本侠　邢　雁　王　扬　王　东　杨　浩

图书在版编目（CIP）数据

　　截拳道概念武器进阶：双短棍训练 / 乔峰，梁涛主编 . —沈阳：辽宁科学技术出版社，2019.11
　　ISBN 978-7-5591-1258-3

　　Ⅰ.①截⋯　Ⅱ.①乔⋯②梁⋯　Ⅲ.①截拳道—基本知识②棍术（武术）—基本知识—中国　Ⅳ.① G886.9② G852.25

　　中国版本图书馆 CIP 数据核字 (2019) 第 169291 号

出版发行：辽宁科学技术出版社
　　　　　（地址：沈阳市和平区十一纬路 25 号 邮编：110003）
印 刷 者：辽宁新华印务有限公司
幅面尺寸：　170mm×240mm
印　　张：9
字　　数：280 千字
出版时间：2019 年 11 月第 1 版
印刷时间：2019 年 11 月第 1 次印刷
责任编辑：郭　莹
封面设计：魔杰设计
版式设计：鼎籍文化创意
责任校对：王玉宝

书　　号：ISBN 978-7-5591-1258-3
定　　价：48.00 元

联系电话：024-23280258　　联系人：郭莹
邮购热线：024-23284502　　投稿QQ：765467383

截拳道概念

武器進階

雙短棍訓練

橋峰書于戊戌年臘月

主编：乔峰

主编：梁涛

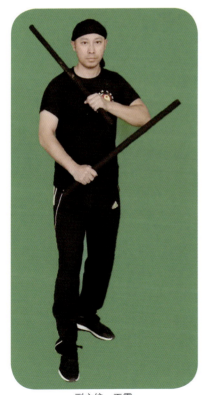

副主编：王震

副主编：韦演锋

动作示范：汤云超（左）、李硕（右）

缘　起

（朱明德先生为本书作者画像）

功夫真知的获得需要长时间的学习训练、大量的艰辛实践、反复的比照甄选与经验沉淀……对个人而言，在坚持不懈的前提下，更多的是在正确与错误的不断交替中前行……出于对短棍的热爱，本人早在多年前就开始了全身心的研修，至今仍然是痴心不改、乐此不疲……一路走来，个中滋味实在令人唏嘘，苦辣酸甜道不尽当中的喜怒哀乐……

早在 2004 年初，本人就构想定制一部适合中国冷兵爱好者的短棍训练教程，以方便国内同道及爱好者学习训练。

2009 年 6 月，本人短棍专著《菲律宾短棍精解》由人民体育出版社正式出版公开发行，至今已经多次再版……这是中国武术界第一本真正地从学术角度阐述国外短棍训练的普及读本。

2015 年 1 月，本人主编的截拳道概念短棍教程《循序渐进　截拳道短棍全面训练教程》由辽宁科学技术出版社正式公开出版发行，这是中国截拳道概念冷兵第一本全彩高清晰 DVD 视频的专业教学范本。随着此书的发行，本人曾经给予这本书的读者四课时的视频教学补充。

2015 年 11 月起，携梦同行网络课程"轨迹太极"推广。本人在此框架式教学课程中对单短棍训练内容有近 3 小时的视频讲解（此教学为携梦同行武术传媒持续教学项目，感兴趣的朋友请关注本人的微信公众平台，以获得更多的相关信息）。

虽然本人在短棍训练方面已"著书立说"，并惠及了部分短棍爱好者的学、练、用，但是这当中的短板仍显而易见。第一，本人出版的短棍专著内容或是框架、精论，或是浓缩的或是全面的，与真正的短棍完整训练还有很大距离，同时由于各种原因，配套的教学视频存在一些粗糙的、不规范的演示。第二，"轨迹太极"网络教学实为携梦同行武术教学框架课程，对武术训练的方方面面均有所涉及，不过深入程度有限。第三，武术业界交流传播成为常态，技术进步日新月异，取长补短是开明通达人士进步的一种途径，我们有必要把自己的所得与进步拿出来分享——践行"吸收有用的，剔除无用的，创造适合自己的"截拳道概念是一个永不停息的过程，唯此不设上限，才能不断进取……

2016年初，本人即有启动"轨迹太极"子课程之截拳道概念·乔峰体系"短棍训练大全"的想法。整体教学内容将涉及历史知识、攻击角度、攻击技术、风格定位、身法运用、非持械手应用、训练与实践运用的区别、手部的触觉、时机选择、位势造就、技术通用与变异、因形就势、左右手互换训练、流动性训练、反击－反击等诸多专业项目内容。由于那个时段恰好有两位朋友分别在国内不同城市区域组织国外专家做相关短棍的研讨会教学，为了避免产生不必要的误解，所以我们对短棍训练的教学推广没有马上启动。

网络媒体的涌现，对于知识的传播起到了前所未有的推动作用，其另一方面却冲击到了实体书市场，尤其是对武术作品的纸质书的销售影响很大。相对而言，我的武术实体出版物销量还算说得过去。对于我个人来说，用著书立说来传播推广武术远比网络教学宣传所达的层面要广得多。不过话又说回来，武术爱好者靠书本来自学与实际参加网络或面授教学的效果并非相同，所以我个人坚持著书立说与网络教学、实际教学相结合的原则来推广我的武术体系。这既利于他人，也利于我自己！

基于上述多方面的考虑，在接续前两本以单短棍为主体内容的短棍教程之后，推出了这本全新的突出双短棍教学的公开出版物，实为不断地完善截拳道概念冷兵技法武库，同时奉献给广大冷兵爱好者一本更深入的棍术教程。

乔　峰

2019 年 9 月 13 日

目　录

第一章

短棍体系基础训练

——单短棍技法汇总

前面我们已经提及，笔者早些年曾在人民体育出版社与辽宁科学技术出版社分别出版过两本短棍专著，其内容主要是以单短棍的技术与应用来体现的。相对而言，本书的着重点在于对双短棍技术的阐述与讲解。虽然本书主体是双短棍，其区别于以往作品中的单短棍内容，但是单双短棍的基础内容与原理本质却是绝对一致的。

本章节是以往书籍中短棍基础的精炼再讲解，同时对一些相关的技理进行了补充与更新。所涉及的内容既有对以往专著相关内容的概括说明、老调重弹，也有对特定技理的纵向拓展、深入剖析。需要说明的是，无论前面两本书的老读者，还是仅为本书的新读者都不能小视基础平台。牢固掌握与理解基本技理是个性技术风格登堂入室的必要保证。如果实践者感觉有必要的话，可以把此前本人出版的短棍专著与这本书结合起来，重塑自己的短棍技理基础。

第一节　短棍的把持

通常而言，实践者以棍尾留余的形式对短棍进行把持。至于持棍手后留多长距离，一般来说是根据实际需要从"两横指"到"一拳"不等。

在具体操作上，实践者可以采用握拳或展指的形式对短棍进行掌控。握拳式把持以掌指关节为动作引导标杆，展指式把持以持握手展开的拇指为动作引导标杆，如图1-1、图1-2所示。实践者对短棍的把持力度以牢固为标准；蓄势待发时持棍手的腕关节以掌指关节正对前臂为度。

在运用短棍进行攻防的过程中，基于不同的目的，所使用到的短棍的部位有所不同。这里我们仅对挥击时短棍的着力部位，即接触点予以提示，其最佳发力点在接近短棍前端近1/3的范围内。

第二节　持棍对敌姿势

持棍对敌姿势也称持棍预备势。本节以双短棍对敌姿势为内容主体，至于单短棍对敌姿势请大家参阅本人以前的短棍教程。讨论持棍对敌姿势之前，我们首先需要对步形概念加以理解。

所谓步形就是腿脚支持身体的现实状态或具体形式，具体的步形定名取决于双脚的坐标位置。通常情况下，步形分为横步、纵步与斜步。

横步，实践者双脚左右开立，站位于地面坐标的横线上，如图1-3所示。双脚合拢的横步称为并步；异位的横步，即左脚在右、右脚在左的横步称为横叉步。

图 1-1　　　　　　　　　　　图 1-2　　　　　　　　　　　图 1-3

　　纵步，实践者两脚前后开立，站位于地面坐标的纵线上或纵线两侧。左脚在前的纵步叫左纵步，右脚在前的纵步叫右纵步，如图 1-4、图 1-5 所示。

图 1-4　　　　　　　　　　图 1-5

　　斜步，介于横步与纵步之间的步形，可以理解为双脚站位于地面坐标左前右后或右前左后的斜线上。左脚在前的斜步叫左斜步，右脚在前的斜步叫右斜步。

　　在身体稳定性上，横步具有左右极大的稳定性；纵步极具前后的稳定性；斜步的稳定性则介于横步和纵步之间。

　　下面我们以步形来定位、以短棍把持为短棍对敌姿势进行阐述。

　　持单短棍对敌姿势，本人在以往教程中多有说明，且本书以双短棍项目为主体内容，出于节省篇幅原因，此内容的讲解从略。但需要说明与重复的是，实践者持单短棍对敌应以优势侧对敌且短棍前置。对于常人来说右手侧为优势侧，相反，左撇子则左手侧为优势侧。本书中如不做特殊说明，单短棍对敌均以右手持棍前置为标准。

　　一般来说，实践者持双短棍对敌姿势大体可以分为三类，即开放式对敌姿势、全封闭式对敌姿势与半封闭式对敌姿势。

开放式对敌姿势，其主要特征是实践者或横步或纵步或斜步站立，双手所持短棍分别位于持棍手同侧，即左手棍位于身体左侧，右手棍位于身体右侧。常见的开放式对敌姿势有双短棍同位于下盘、双短棍同位于中盘、双短棍同位于上盘及两棍不在同一高低水平位置（两种）等形式，如图 1-6~ 图 1-10 所示为横步站立开放式对敌姿势。

图 1-6

图 1-7

图 1-8

图 1-9

图 1-10

与开放式对敌姿势相比，封闭式对敌姿势最主要的特征就是两短棍异位处置，即左手棍在身体的右侧，右手棍在身体的左侧，两臂或两棍呈交叉或交错状态。常见的封闭式对敌姿势有两棍三盘交错即两棍下盘交叉、两棍中盘交叉、两棍上盘交叉及两棍非等高位交错等形式，如图 1-11~ 图 1-15 所示为右纵步站立封闭式对敌姿势。

图 1-11

图 1-12

图 1-13

图 1-14

图 1-15

半封闭式持棍对敌姿势，界于开放式持棍对敌姿势与封闭式持棍对敌姿势之间，即两棍位于身体的同一侧面。常见的形式有两种：一是异侧棍置于同侧棍持棍手臂上方，这种情况也称为平行持棍对敌；二是异侧棍置于同侧棍持棍手臂下方，如图 1-16~ 图 1-21 所示为右纵步站立时半封闭持棍对敌姿势。

图 1-16

图 1-17

图 1-18

图 1-19

图 1-20

图 1-21

总体来说，双短棍同位于上盘的开放式对敌姿势、双短棍三盘交错的封闭式对敌姿势与异侧棍置于同侧棍持棍手臂下方的半封闭式对敌姿势，在训练与实战中使用的概率更大一些。

第三节　位势、步法与身法

位势的概念可以从字面进行理解。位，就是位置或方位的意思；势，就是状态。位势在此处合二为一，即指实践者相对于对手的位置与状态。通俗地讲，位置包括了角度与距离两个变量；而状态更多的是指实践者对敌时面对方向的情形——"朝向"，其是通过身形调整得以实现的。

角度在西方军事中以"钟点"方向进行表达。这个表达形式是完全能够胜任于此处的，但是基于中国人的传统习惯，本教程仍然沿用"前、后、左、右"及"内、外门"的概念进行角度定位。

距离指敌我间距。在短棍体系中，根据双方间距的不同，大体可以分成三类格斗范畴，即远距离格斗范畴、中等距离格斗范畴和近距离格斗范畴。

在远距离格斗范畴内，实践者可以做挥击用短棍的前端攻击到对手伸展的持械手。在中等距离格斗范畴上，实践者可以用非持械手接触控制对手的持械手，并能够用短棍前半段攻击到对手的身体。在近距离范畴上，实践者可以用棍尾攻击到对手的头面要害。

步法在现实的格斗中所起的作用不可以小视。恰到好处的步法既可以让实践者安全近身于对手处于有利的攻防位势，也便于实践者借助运动惯性增加攻防的力度。本小节仅就一些相对复杂或以往教程没有提及的步法进行讲解，其他在此没有涉及的步法请大家参阅本人以往的短棍教程。这里我们摒弃原来教程单人独练的形式，换为在实战对抗中具体的形式进行阐述说明。

一、后交叉步与浮游步

后交叉步与浮游步脚的运动轨迹类似，但细节不同。二者都是前脚过后脚，然后再恢复到原位。但是后交叉步前脚过后脚后着地，且上身基本保持原来的身形不变，其复位的原动力是脚蹬地反弹形成的；而浮游步前脚后撤时，移动脚不着地且身形整体转向对手，复位则是利用了身体摆动惯性。如图 1-22~ 图 1-25 与图 1-26~ 图 1-29 所示，分别示范了斜劈结合后交叉步与浮游步应对对手的正手斜劈的防反战例，通过图示比较可知，浮游步杀手的组合更适合应对低位攻击的防反之用。

图 1-22

图 1-23

图 1-24

图 1-25

图 1-26

图 1-27

图 1-28

图 1-29

二、左斜进步与右斜进步

这两种步法是阴三角步的拆分拓展应用。所谓斜进步指的是实践者向自己左前方或右前方进步。需要注意的是，向哪个方向进步就用哪边的脚做移动，进步到位时或另外脚适当跟进或以进步脚为支点身形内转或跟进内转共存。图 1-30~ 图 1-32 与图 1-33~ 图 1-35 分别示范了实践者斜劈结合右斜进步应对对手正手斜劈，和实践者斜劈结合左斜进步应对对手反手斜劈战例。这两个战例均是以杀手为反击的最终目的，实际上，如果距离角度合适也可以直接攻击对手头面要害。

图 1-30

图 1-31

图 1-32

图 1-33

图 1-34

图 1-35

三、后脚直接离心的环绕步

这种步法主要用于应对对手的正手直线刺。对手持短棍直线刺击实践者中盘要害，实践者以前脚为支点，髋关节发力，后腿向异侧后方外摆，整身旋转大约45°，同时用短棍正手横扫对手的持械手，动作如图 1-36~ 图 1-38 所示。

图 1-36

图 1-37

图 1-38

四、落步

这是一个相当特殊的步法，其主要用途在于其与防御技术联用来应对敌人对自己下盘特别是前膝关节的挥击。对手持短棍正手斜劈实践者的前腿膝关节，实践者通过前后脚延展移动，整个身形突然"下落"，这个过程中配合格挡或格移技法来破解对手的攻击。这个内容我们将在本章第六节防御技术中的对膝击的防御部分做专门示例。

第四节 基本常规攻击技术

基于化繁就简的原则，我们根据攻击动作的运动轨迹与攻击触点的不同，把短棍的攻击技术划分为劈、撩、扫、撞、刺五大类。

劈、撩、扫、撞均以棍身为攻击接触部位，刺以短棍尖端为攻击点。劈、撩、扫的运动路线为弧线轨迹，撞、刺运动路线或直线或弧线或直弧变线结合。

对于短棍的攻击技术除了上述人为定性分类外，还需注意以下三个方面——

（一）正、反手攻击的问题。正手攻击泛指实践者从持棍手侧发起的攻击，反手攻击泛指实践者从持棍手异侧对位发起的攻击。实践者右手持棍，那么其从自己右侧发动的攻击就是正手攻击；如果实践者右手持棍从身体的左侧发起的攻击，那么就是反手攻击。正反手攻击我们在紧接着的数字攻击模式中会涉及。

（二）在抛投式攻击与冲撞式攻击中持棍手腕关节的伸展程度不同。一般来说，抛投式攻击中的短棍与其持握手拇指侧前臂夹角大于90°，而冲撞式攻击中的短棍与其持握手拇指侧前臂夹角等于90°。

（三）动作的正确性决定了能量输出的大小，这有赖于实践者上下三盘肢体运动的合理配合。身法连带四肢动作，无论攻防均是其中的关键所在。

众所周知，数字攻击模式是众多不同的短棍体系架构共存的必要组分。所谓数字攻击模式，指的是从攻击角度出发，把相关的攻击技法与其对应的攻击目标或攻击区域结合起来定义为特定的阿拉伯数字。数字攻击模式的实质是用简单的阿拉伯数字简化称呼复杂内涵的一种手段。从一定意义上讲，这在训练中是有可取之处的。所以本短棍体系不拒绝数字攻击模式。

通常情况下，不同冷兵流派或组织所定义的数字内容是互不相同的，其不同具体表现在两个方面。一是规划的数字个数有所不同，最常见的是12数字攻击模式，即从数字1到数字12，共有12个数字攻击形式，但是一些特别的流派其攻击数字并非就是12个，或多或少。二是不同流派相同的数字攻击所针对的内涵不同，即数字的攻击技法与攻击目标区域不同。

本人截拳道师承李小龙宗师亲传弟子理查德·巴斯蒂罗先生。出于感恩巴斯蒂罗老师对本人截拳道的传授，我们一直沿用其所在的菲律宾武术 Doce Pares Escrima 体系中的12数字攻击模式。Doce Pares Escrima 的12数字攻击模式最大的特点就是数字攻击极具对称性——奇数攻击是正手攻击，偶数攻击是反手攻击——攻击目标区域左右对称。

Doce Pares Escrima 体系中的12数字攻击模式具体内容如下——

数字1：实践者右手持棍正手左劈陪练的左侧头面要害，如图1-39、图1-40所示；

图 1-39

图 1-40

数字 2：实践者右手持棍反手右劈陪练的右侧头面要害，如图 1-41、图 1-42 所示；

图 1-41

图 1-42

数字 3：实践者右手持棍正手左扫陪练的左侧肩胸区域，如图 1-43、图 1-44 所示；

图 1-43

图 1-44

数字 4：实践者右手持棍反手右扫陪练的右侧肩胸区域，如图 1-45、图 1-46 所示；

图 1-45

图 1-46

数字 5：实践者右手持棍正手直刺陪练的右腹，如图 1-47、图 1-48 所示；

图 1-47

图 1-48

数字 6：实践者右手持棍反手直刺陪练的左腹，如图 1-49、图 1-50 所示；

图 1-49

图 1-50

数字 7：实践者右手持棍正手左劈陪练的左膝关节，如图 1-51、图 1-52 所示；

图 1-51

图 1-52

数字 8：实践者右手持棍反手右劈陪练的右膝关节，如图 1-53、图 1-54 所示；

图 1-53

图 1-54

数字 9：实践者右手持棍正手左弧线刺陪练的左胸，如图 1-55、图 1-56 所示；

图 1-55

图 1-56

数字 10：实践者右手持棍反手右弧线刺陪练的右胸，如图 1–57、图 1–58 所示；

图 1–57　　　　　　　　　　　　　　　　图 1–58

数字 11：实践者右手持棍正手劈陪练的头顶要害，如图 1–59、图 1–60 所示；

图 1–59　　　　　　　　　　　　　　　　图 1–60

数字 12：实践者右手持棍反手劈陪练的头顶要害，如图 1–61、图 1–62 所示。

图 1–61　　　　　　　　　　　　　　　　图 1–62

区别于本人在以往教程中原位不动步示范，此处这 12 个数字攻击动作配合阳三角步变换做了动步演练。

Doce Pares Escrima 体系中的 12 数字攻击模式并没有把所有的常规攻击技术完全涵盖在内。实际上，这主要是由于数字个数限制引起的，并非 Doce Pares Escrima 体系数字攻击模式独有的缺陷。这一数字攻击模式不足之处也普遍存在于其他流派中。如果实践者着眼于更深入的训练，我们将在线上教学中给 VIP 用户做更深入的讲解——讲解截拳道概念重要体系即依鲁山度体系中的短棍多数字攻击模式。

第五节　复杂的攻击技术

所谓复杂的攻击技术，无非就是常规攻击技术有序的排列组合或是形变拓展。实践者只要牢固掌握了原本的基本技术，通过自己的努力，复杂技术的上身并不复杂。下面我们对典型的短棍复杂攻击技术进行讲解说明。

常规技术有序的排列组合，意在剔除连续攻击时常规攻击收招变势间存在的不必要的多余动作。如此提高打击密度，使得攻击效率上升到一个新台阶。常规攻击技术的复合，以"∞"或"8"字形与"U"或"V"字形运动轨迹为整体组合动作的路线非常普遍。

一、"∞"或"8"字形轨迹做联络的复杂攻击技术

1. 左右劈击组合，即正手左劈反手右劈的组合；
2. 左右撩击组合，即正手左撩反手右撩的组合；
3. 左右扫击组合，即正手左扫反手右扫的组合；
4. 下劈上撩组合，即正劈与正撩的组合；
5. 左撩右劈组合，右撩左劈组合；
6. 左撩左劈组合，右撩右劈组合；
7. 左劈右扫组合，右劈左扫组合；
8. 左撩右扫组合，右撩左扫组合；
9. 正反手弧线刺，即正手弧线刺与反手弧线刺组合。

二、"U"或"V"字形轨迹做联络的复杂攻击技术

此类复杂攻击技术主要体现在正反手直线前刺组合上。

形变拓展类复杂攻击技术区别常规技术在于，其发力多以上肢的腕关节、肘关节与肩关

节的单一关节或关节组合为主体形式。也就是说，形变拓展类复杂攻击技术强调局部肢体运棍与发力，其以下面形式最为常见——

（一）弹抖式攻击

这种攻击技术的实施需要高度的精准性，整个动作类似用苍蝇拍拍苍蝇。理论上任何常规攻击技术都可以做相应的弹抖式攻击。如果实践者位势占优，可以从原位直接启动弹抖式攻击；相反，实践者不占据优势位势则需要通过步法、身法的调整与手臂的"推送"来创造发动弹抖式攻击的条件予以实施。

（二）"69"式攻击

实践者在实施攻击的时候，首先挥棍画弧以此或作为第一次攻击或防御或蓄势之用，然后拧转持械手臂顺势回收再重启与首次攻击运动轨迹类同的二次打击。整体动作的运动路线轨迹与阿拉伯数字"69"写法类似。根据前后两次攻击或防反过程中运动路线所形成的"圆圈"的大小，"69"式攻击可分为大圈"69"式攻击与小圈"69"式攻击。

大圈"69"式攻击指整个动作幅度非常大的"69"式攻击。一般情况下，这个大圈运动

图 1-63

图 1-64

图 1-65

图 1-66

图 1-67

图 1-68

图 1-69

图 1-70

图 1-71

路线过位于实践者身体。常见的例子就是做手臂挥舞"缠头裹（过）脑"似的挥击，在菲律宾武术体系中有人称之为"Double Zero"技术。这里我们对左劈大圈"69"式攻击做以细致示范，如图 1-63~ 图 1-71 所示。

　　相对大圈"69"式攻击，小圈"69"式攻击的"圈子"要小得多，动作的控制与发力主要是靠持械腕肘关节的配合。一般情况，小圈"69"式攻击只在实践者前面舞动，而大圈"69"

图 1-72

图 1-73

图 1-74

图 1-75

图 1-76

图 1-77

图 1-78

式攻击由于动作幅度的要求，是需要"甩开膀子"干活的，即肩关节大程度参与其中。左劈小圈"69"式攻击如图 1-72~图 1-78 所示。

（三）大圈挥击与小圈挥击

大圈挥击与小圈挥击也是众多国外短棍体系所共有的内容，因此我们也把这个内容罗列于短棍基础这一章节中。大 / 小圈攻击泛指实践者运棍于自己身体一侧面范围内做轨迹为圆的挥击。在实践者身体某个面上的大 / 小圈挥击都有两个运动方向——或向前或向后，或向左或向右。大 / 小圈的挥击区别则在于动作幅度的大小，换言之就是运棍时肘关节的伸展程度大小。

大 / 小圈攻击很多情况是用于防反的，其本质上已经包含了防御技术与攻击技术两个方面的内容。下面我们示范一下短棍在实践者身体右侧时向前的大 / 小圈攻击应用战例，如图 1-79~ 图 1-82 所示。

图 1-79

图 1-80

图 1-81

图 1-82

（四）扇形攻击

扇形攻击是菲律宾短棍体系独有的一种挥击式攻击技术。实践者以持械手直腕抓牢短棍，通过前臂扭转的形式来带动短棍如同螺旋桨一样的转动打击。扇形攻击的主要目的在于对同一目标或其延伸贯穿物的两侧进行连续不断的快速打击。扇形攻击以攻击对手头面两侧与肢体两侧最常见，这里我们示范防御对手进攻时的扇形攻击，如图1-83~图1-87所示。

图 1-83

图 1-84

图 1-85

图 1-86

图 1-87

第六节 防御技术

防御技术是相对于攻击而言的，但是防御除了最直接的不让对手的攻击得逞外，还有一个深层含义，即为实践者防御后的下一步动作诸如反击、再退避等做铺垫。单纯用于防御的技术在实战中往往是得不偿失的，如此这般很可能使得实践者一直陷于被动挨打的状态。从对抗的角度出发，实践者完美的防御技术的实施需兼顾攻防两个方面。

短棍的防御技术大体可以分为两类。一类是非接触防御，即通过步法身法的运用与配合，与对手肢体或武器不发生接触同时令对手攻击失效的防御技术，其实质是空间置换；另一类是接触防御，顾名思义就是通过与对手的接触进而达到趋利避害的目的。当然，以攻止攻式的截击也可归属于接触防御之列，不过这种对抗攻击的防御方式更注重攻击，其本质在于以攻代守。无疑这是攻防转换辩证思想的一种现实体现。本节重点阐述接触防御类技术，其他相关内容读者可以自行参考本人先前的教程。

在讲解具体的防御技术前，我们先看几个需要注意的方面——

1. 格挡与格移的区别。

格挡在于用"以力对力"承接的方式让对手的攻击动作停下来，可以类比于持盾牌抵挡对手的进攻。如果实践者的挡力不及对手的攻击力，其结果仍可能为对手短棍所伤。

格移区别格挡的硬碰硬与正对正，其实施是在对手的攻击轨迹上设陷，干扰对手的攻击使之被拖延、被变向而不能按预定时间或路线完成攻击。实践者常以在对手武器或持械手臂某关键处做非正对正接触发力的形式来完成格移。

格挡与格移在特定条件可以相互转换，不过能够做到这个转换需要方方面面的强化练习与实践，这里不再多说。

2. 实践者短棍与对手武器做接触时，不能离自身太远。否则，容易被对手抓到。

3. 在短棍体系中，非持械手在格斗当中所起的作用并不比持械手小。截拳道概念大师丹尼·依鲁山度师傅把非持械手称为"活手"或"生手"；而另外的一些菲律宾冷兵械斗大师则把非持械手称为"四分卫"，其意是指在实际打斗中非持械手起到了关键的转换与指挥作用。

实践者使用短棍接触防御技术时，非持械手一般存在三种形式与对手的武器（指短棍）或持械手臂相连接用于操控，即平行、交叉与剪切。所谓平行，指的是持械手与非持械手并排处位，如图1-88、图1-89所示；交叉，指的是实践者两手交错，但去向相同，如图1-90、图1-91所示；剪切则指的是实践者两手从交叉状态开始做反向运动，最后完成开放式或封闭式姿势的定型，如图1-92、图1-93所示。

图 1-88

图 1-89

图 1-90

图 1-91

图 1-92

图 1-93

下面我们仅就本章第四节中的 Doce Pares Escrima 体系 12 数字攻击，以列举的方式对防御技术进行有针对性的讲解。

对于数字 1 与数字 2 属于斜向挥击式攻击之列。从一定意义上讲，应对于这类斜向挥动式攻击，实践者完全可以用相同的挥击从正面予以格挡进行防御。

对于数字 1 与数字 2 的攻击的防御，除了用以 1 挡 1、以 2 挡 2 的正面格挡来进行对拼外，实践者还可以用伞式格移与翼护格移来应对。伞式格移与数字 1 用于格挡可以用上下倒置来定性二者之间的关系，即数字 1 时持械手在下，伞式格移时持械手在上，如图 1-94 所示。同理，翼护与数字 2 用于防御关系仍可定性为上下倒置，如图 1-95 所示。伞式与翼护互为左右镜像，翼护也称为逆向伞式。

图 1-94

图 1-95

对于数字 3 与数字 4 攻击的防御，我们提倡用棍尖向上棍身竖直的左右格挡。无论是对抗数字 3 的攻击，还是对抗数字 4 的攻击，实践者在运用棍尖向上棍身竖直的左右格挡时，都需要注意两点：一是持械手前臂应该平行于地面；二是要借助身体的旋转来加强防御动作的力度。如图 1-96、图 1-97 分别示范了对数字 3 和数字 4 攻击的常规格挡防御。

图 1-96

图 1-97

如果对手使用棒球棒之类的沉重武器进行数字3或数字4攻击，实践者就需要用非持械手置于短棍中上段来辅助常规的左右格挡，以强化左右格挡的效果。这样的左右格挡被称之为支持式左右格挡，如图1-98、图1-99分别示范了支持式左右格挡对大力扫击的情形。

图 1-98

图 1-99

数字5与数字6、数字9与数字10都隶属于短棍刺技。刺的防御一般可分为三类竖直格移，依次为棍尖向下的格移、棍尖向上的格移和拍挂，其共同的特点是用接触拖带的方式偏置对手的武器，进而避开对手攻击。

棍尖向下的格移主要针对中下盘刺，按拖带方向的不同，可以分成低位向内拖带式格移与低位向外拖带式格移。

低位向内拖带式格移：当对手用短棍刺击实践者中下盘的时候，实践者短棍棍尖向下，保持其处于竖直状态的前提下，右手控棍由右向前向左做近水平的弧线挥击，在整体横向移动过程中，实践者短棍与对手刺棍相接触，用以横破直的形式把对手的短棍拖带到自己的身体外围，与此同时，实践者用非持械手来操控抑制对手的持械手，如图1-100~图1-102所示。

图 1-100

图 1-101

图 1-102

　　低位向外拖带式格移：当对手用短棍刺击实践者中下盘的时候，实践者短棍棍尖向下，保持其处于竖直状态的前提下，右手控棍由左向前向右做近水平的弧线挥击，在整体横向移动过程中，实践者短棍与对手刺棍相接触，用以横破直的形式把对手的短棍拖带到自己的身体外围，与此同时，实践者用非持械手来操控抑制对手的持械手，如图 1-103~ 图 1-105 所示。

图 1-103

图 1-104

图 1-105

棍尖向上的格移主要针对中上盘刺，按拖带方向的不同，可以分成高位向内拖带式格移与高位向外拖带式格移。

高位向内拖带式格移：当对手用短棍刺击实践者中上盘的时候，实践者短棍棍尖向上，保持其处于竖直状态的前提下，右手控棍由右向前向左做近水平的弧线挥击，在整体横向移动过程中，实践者短棍与对手刺棍相接触，用以横破直的形式把对手的短棍拖带到自己的身体外围，与此同时，实践者用非持械手来操控抑制对手的持械手，如图1-106~ 图1-108 所示。

图 1-106

图 1-107

图 1-108

高位向外拖带式格移：当对手用短棍刺击实践者中上盘的时候，实践者短棍棍尖向上，保持其处于竖直状态的前提下，右手控棍由左向前向右做近水平的弧线挥击，在整体横向移动过程中，实践者短棍与对手刺棍相接触，用以横破直的形式把对手的短棍拖带到自己的身体外围，与此同时，实践者用非持械手来操控抑制对手的持械手，如图1-109~ 图1-111 所示。

图 1-109

图 1-110

图 1-111

用于防御刺的拍挂，也存在高低内外的不同。

高位内向拍挂防刺：当对手用短棍刺击实践者中上盘的时候，实践者右手棍由棍尖向上开始做逆时针类扇形拍击动作，把对手刺棍偏置于自己外围，如图 1-112~ 图 1-114 所示。

图 1-112

图 1-113

图 1-114

　　高位外向拍挂防刺：当对手用短棍刺击实践者中上盘的时候，实践者右手棍由棍尖向上开始做顺时针类扇形拍挂动作，把对手刺棍偏置于自己外围，如图 1-115~ 图 1-117 所示。

图 1-115

图 1-116

图 1-117

　　低位内向拍挂防刺：当对手用短棍刺击实践者中下盘的时候，实践者右手棍由棍尖向上开始做逆时针类扇形拍击动作，把对手刺棍偏置于自己外围，如图 1-118~ 图 1-120 所示。

图 1-118

图 1-119

图 1-120

低位外向拍挂防刺：当对手用短棍刺击实践者中下盘的时候，实践者右手棍由棍尖向上开始做顺时针类扇形拍击动作，把对手刺棍偏置于自己外围，如图 1-121~ 图 1-123 所示。

图 1-121

图 1-122

图 1-123

数字 7、数字 8 与数字 1、数字 2 同属于斜向挥击技法，所以实践者仍可用"以其人之道，还治其人之身"的策略加以应对，即"以 7 挡 7，以 8 挡 8"——当对手以下劈攻击实践者下盘膝关节的时候，实践者需要屈膝沉身坐髋，用相同技法以对劈的形式进行格挡即可。这里提醒大家，重心下降时，身体不要前倾，以防止对手来拳袭击自己头面要害。

以对劈的形式做低位格挡是有前提条件的——攻防双方的短棍在启动时分别位于持棍手同名侧或同时位于持棍手的对侧即异名侧。当对手以数字 7 攻击时，对手从右手侧发动攻击；防御者做低位格挡防御时，也从自己的右手侧启动。同理，"以 8 挡 8"时，双方都是从自己的左手侧启动攻防的。

对手以数字 7 或数字 8 攻击实践者的下盘要害，如果不具备上述做低位格挡的前提条件，也就是对手发动数字 7 攻击，实践者的短棍不在自身右手侧；或对手发动数字 8 攻击时，实践者的短棍恰好也不在自身左手侧。或者情况突然，对方的攻击迫在眉睫，容不得实践者做对等互换。这两种情形下，实践者可采用向下做短促扣击的止动形式来应急。当对手做反手挥击攻击实践者右侧膝关节要害时，实践者可以在落步沉身的同时，用短棍朝对手武器做向下的短促敲击拍扣，使对手攻击失效，如图 1-124~ 图 1-126 所示；也可以右脚即前脚后撤一步让开对方的攻击的同时，沉身用短棍朝对手武器做向下的短促敲击拍扣，如图 1-127~ 图 1-129 所示。实践者无论用哪种扣击形式应对对膝关节的攻击，非持械手一定要控制住对手的持械手。否则，对手可以通过持械手臂微调的形式继续推进其攻击。

图 1-124

图 1-125

图 1-126

图 1-127

图 1-128

图 1-129

图 1-130

图 1-131

图 1-132

对于数字 11 与数字 12 的正劈攻击的防御，实践者既可以用伞式和逆伞式格移应对，也可以用上架的形式加以格挡。当实践者用上架来格挡对手的正劈的时候，应该把非持械手附于短棍另外一端来强化防御间架结构，如图 1-130~ 图 1-132 所示。需要注意的是，对于正劈的防御，实践者的短棍与对手武器接触时应高于自己的头部。

第七节　攻防转换

实践者的攻防转换能力代表一个人的真实功夫水平，是实际格斗效率高低的决定因素。攻防转换能力涉及多方面的项目内容，比如体能耐力、抗击打能力、情绪控制、技术承接等。本小节仅从攻防技术承接的角度对攻防转换做以讲解说明。

实践者在实际打斗过程中，无论攻防都存在着一种承接问题，即如何从前一个动作向后一个动作过渡。从某种意义上讲，前后招式承接的合理性决定了格斗的走向。首先我们来讨论一下实践者出棍"定位"后，下一步短棍的具体处置情形。总体而言，这可以从两个方面加以概括：一是顺势从定位点直接启动朝向对手后续攻击，二是把短棍回收然后再做攻防。比较来说，直接原位启动攻击比回收后启动攻击极具效率，但还需要实际问题实际对待，而不能固定思维处理问题。

实践者出棍定位后，可以从定位点通过反弹或过位的形式把短棍收回到预定的位置来做蓄势，以启动后续攻防动作。如图 1-133、图 1-134 实践者做数字 1 攻击，动作到位时短棍既可以通过反弹的形式回到原位，即右肩侧，如图 1-135 所示；也可以通过过位形式把短棍收至以异侧肩前或胯侧，如图 1-136、图 1-137 所示。

图 1-133

图 1-134

图 1-135

图 1-136　　　　　　　　　　图 1-137

至于攻防转换中是选择接续原位攻击还是收回后再做攻防，则需要实践者依据实际情形与因形就势的原则加以区别对待。在菲律宾短棍体系中，攻防转换最常见的训练形式是流动性训练，也称链式训练法，其本质是一种双人限制性对抗练习。形势理论和流动性训练在本人先前的教程中多有提及，这里不再赘述。

第二章

双短棍初级训练

——协调性练习

在熟练了单短棍或单短刀的基本技法后，实践者可以再做深入练习来完成多武器技法训练课程。这里的多武器技法通常指双短棍技法、双短刀技法、短棍短刀配合技法；当然双刀技法、长短刀配合技法、盾牌刀技法、长靴短刀技法也列于多武器技法之中。虽然这些多武器技法原理基本相同，但是由于形制与钝锐不同，短棍训练要比其他武器训练安全得多，也容易得多，对于初学的实践者，多武器技法训练以双短棍技法开始最为适宜。

双短棍技法训练程序以协调性训练、流动性训练与实战训练依次排列。本章内容针对双短棍的协调性练习。

双短棍的协调性练习的目的在于强化实践者弱侧肢体的动作能力——说白了就是通过训练来提高"不好用"或是"不灵活"的那只手对动作的把控能力，最终使得左右手动作能力达到平衡与对称。

在双短棍的协调对称训练中，以定步训练为始。随着训练的不断深入，实践者可以逐渐过渡到动步练习的层面上来。本章训练示范均是定步练习，特此说明。

第一节　十二数字攻击对称练习

十二数字攻击对称练习，顾名思义就是实践者双手持棍，左右手棍按十二数字的攻击顺序做交替攻击。

十二数字攻击对称练习交替攻击有以下两种基本形式。

第一种交替形式是每个数字攻击间，实践者均做交替训练。右手做数字 1 攻击—左手做数字 1 攻击；右手做数字 2 攻击—左手做数字 2 攻击；右手做数字 3 攻击—左手做数字 3 攻击……右手做数字 12 攻击—左手做数字 12 攻击。

第二种交替形式是一只手连续完成十二数字攻击后，另外一只手再接续完成连续的十二数字的攻击，其实质是整体十二数字连续攻击的左右手交替训练。

实践者在十二数字攻击对称训练中，实践者最初以定步（横步、左右纵步）来进行练习，待熟练后，可以升级为动步（阴、阳三角步）练习。

十二数字攻击对称练习相对比较简单，只要实践者熟知前面基础课程里的十二数字攻击概念与动作，自行演练本节训练项目不是问题，所以这里不再进行相关的动作演示。

第二节 左右手（棍）非交错对称练习

所谓左右手非交错对称练习，指的是实践者一只手完成特定动作后，另外一只手再进行同样的动作练习。其基本特征是左、右手先、后独立地完成训练动作，两手动作轨迹间不存在交叉或交错现象。

一、三盘对劈训练

甲、乙训练双方均右纵步开放式对敌姿势相向站立。

双方同时右手棍劈击对方的上盘头面要害，攻击短棍接触后反弹到原位；双方同时左手劈击对方上盘，攻击短棍接触后反弹到原位。

接下来，双方同时右手棍劈击对方的中盘腰肋要害，攻击短棍接触后反弹到原位；双方同时左手劈击对方中盘，攻击短棍接触后反弹到原位。

最后，双方同时右手棍劈击对方的下盘膝关节，攻击短棍接触后反弹到原位；双方同时左手劈击对方下盘，攻击短棍接触后反弹到原位。

三盘对劈训练整体动作如图2-1~图2-7所示。

图2-1

图2-2

图2-3

图 2-4

图 2-5

图 2-6

图 2-7

实践者在上述训练熟练后，可以增加三盘的打击密度，也可以打乱原来上—中—下三盘依次击打的顺序进行训练，这些内容这里不做过多讲解，实践者私下可以自行创编。

二、正 ∞ 字对劈训练

正 ∞ 字对劈的实质是数字 1 与数字 2 过位联络，其轨迹路线形似数学符号 ∞，二者过位交叉处的运动路线自下而上（也就是劈）。这个内容第一章已有说明，这里只做略微的提带。

甲、乙训练双方均右纵步开放式对敌姿势相向站立。

双方同时右手棍劈击对方的上盘头面要害（数字 1），攻击短棍接触后过位至此持棍手对侧肩上；然后右手棍反手劈击对方的上盘头面要害（数字 2），攻击短棍接触后过位至此持棍手同侧肩上。

　　双方同时左手棍劈击对方的上盘头面要害（数字 1 ），攻击短棍接触后过位至此持棍手对侧肩上；然后左手棍反手劈击对方的上盘头面要害（数字 2 ），攻击短棍接触后过位至此持棍手同侧肩上。

　　正 ∞ 字对劈训练整体动作如图 2-8~ 图 2-15 所示。

图 2-8

图 2-9

图 2-10

图 2-11

图 2-12

图 2-13

图 2-14

图 2-15

当然，实践者在正 ∞ 字上盘对劈训练熟练后，也可做中、下盘正 ∞ 字对劈训练，这里不再多说，请实践者私下自行完成。

三、数字 1—数字 8—数字 2 训练

这一组训练的实质是"上盘正手劈—下盘反手劈—上盘反手劈"。

甲、乙训练双方均右纵步开放式对敌姿势相向站立。

双方右手棍劈击对方的上盘头面要害（数字 1），攻击短棍接触后过位至此持棍手对侧肩上；然后右手棍反手劈击对方的下盘膝腿要害（数字 8），攻击短棍接触后反弹至此持棍手对侧肩上。最后右手棍反手劈击对方的上盘头面要害（数字 2），攻击短棍接触后过位至此持棍手同侧肩上。

双方左手棍劈击对方的上盘头面要害（数字 1），攻击短棍接触后过位至此持棍手对侧肩上；然后左手棍反手劈击对方的下盘膝腿要害（数字 8），攻击短棍接触后反弹至此持棍手对侧肩上。最后左手棍反手劈击对方的上盘头面要害（数字 2），攻击短棍接触后过位至此持棍手同侧肩上。

数字 1—数字 8—数字 2 训练整体动作如图 2-16~ 图 2-27 所示。

图 2-16

图 2-17

图 2-18

图 2-19

图 2-20

图 2-21

图 2-22

图 2-23

图 2-24

图 2-25

图 2-26

图 2-27

四、数字 1—数字 2—数字 5 训练

这一组训练的实质是"劈—劈—刺"，在正 ∞ 字对劈的后面接续了一个中盘刺。

甲、乙训练双方均右纵步开放式对敌姿势相向站立。

双方右手棍做正 ∞ 字对劈后，收棍至此持棍手同侧胯上肋下位置，然后向前直线刺对方中盘要害（数字 5），最后短棍回收至此持棍手同侧肩上。

双方左手棍做正 ∞ 字对劈后，收棍至此持棍手同侧胯上肋下位置，然后向前直线刺对方中盘要害（数字 5），最后短棍回收至此持棍手同侧肩上。

数字 1—数字 2—数字 5 训练整体动作如图 2-28~ 图 2-39 所示。

图 2-28

图 2-29

图 2-30

图 2-31

图 2-32

图 2-33

图 2-34

图 2-35

图 2-36

图 2-37

图 2-38

图 2-39

五、反 ∞ 字对撩训练

这组训练是"二、正 ∞ 字对劈训练"的逆运动。

甲、乙训练双方均右纵步开放式对敌姿势相向站立。

双方右手棍正手撩，攻击棍接触后过位至此持棍手对侧胯上肋下位置，然后再做反手撩，攻击棍接触后过位至此持棍手同侧肩上。

双方左手棍正手撩，攻击棍接触后过位至此持棍手对侧胯上肋下位置，然后再做反手撩，攻击棍接触后过位至此持棍手同侧肩上。

反 ∞ 字对撩训练整体动作如图 2-40～图 2-47 所示。

图 2-40

图 2-41

图 2-42

图 2-43

图 2-44

图 2-45

图 2-46

图 2-47

六、反 ∞ 字对撩接反手劈扫训练

这组训练是"五、反 ∞ 字对撩训练"的扩展，即在反 ∞ 字对撩的第二次撩击后反弹到持棍手对侧启动反手劈扫挥击。

甲、乙训练双方均右纵步开放式对敌姿势相向站立。

双方右手棍正手撩，攻击棍接触后过位至此持棍手对侧胯上肋下位置，接下来再做反手撩，攻击棍接触后反弹至此持棍手对侧肩上，然后做反手劈击对手头面要害（数字 2），双棍接触后过位至此持棍手同侧肩上。

双方左手棍正手撩，攻击棍接触后过位至此持棍手对侧胯上肋下位置，接下来再做反手撩，攻击棍接触后反弹至此持棍手对侧肩上，然后做反手劈击对手头面要害（数字 2），双棍接触后过位至此持棍手同侧肩上。

反 ∞ 字对撩接反手劈扫训练整体动作如图 2-48~ 图 2-59 所示。

图 2-48

图 2-49

图 2-50

图 2-51

图 2-52

图 2-53

图 2-54

图 2-55

图 2-56

图 2-57

图 2-58

图 2-59

本组示例是反∞字对撩接反手劈（数字 2），实践者在练习的时候也可后继接数字 4 或数字 8 反手挥击。

第三节　左右手（棍）交错对称练习

左右手交错对称练习，在菲律宾武术体系中称为辛瓦里（Sinawali）训练。辛瓦里有"编织"的意思，在武术体系用其描述双臂的里外进出，交错迂回。另外，辛瓦里也是双武器体系的一个特定的技术招式，本节第三组训练即是此内容。

一、右手棍数字 1—左手棍数字 1—右手棍数字 2—左手棍数字 2 训练

甲、乙训练双方均右纵步开放式对敌姿势相向站立。

双方右手棍做数字 1 攻击，接触后过位至此持棍手对侧手臂腋下，然后左手棍做数字 1 攻击，接触后过位至此持棍手对侧肩上，接下来双方右手棍做数字 2 攻击，接触后过位至此持棍手同侧肩上，最后左手棍做数字 2 攻击，接触后过位至此持棍手同侧肩上。

此组训练整体动作如图 2-60~ 图 2-68 所示。

图 2-60

图 2-61

图 2-62

图 2-63

图 2-64

图 2-65

图 2-66

图 2-67

图 2-68

二、右手棍数字 1—左手棍数字 2—右手棍数字 2—左手棍数字 1 训练

甲、乙训练双方均右纵步半封闭式对敌姿势相向站立。

双方右手棍做数字 1 攻击，接触后过位至此持棍手对侧肩上，然后左手棍做数字 2 攻击，接触后过位至此持棍手同侧肩上，接下来双方右手棍做数字 2 攻击，接触后过位至此持棍手同侧肩上，最后左手棍做数字 1 攻击，接触后过位至此持棍手对侧手臂腋下。

此组训练整体动作如图 2-69~ 图 2-77 所示。

图 2-69

图 2-70

图 2-71

图 2-72

图 2-73

图 2-74

图 2-75

图 2-76

图 2-77

三、辛瓦里训练

这里的辛瓦里训练特指一系列的左右手交错对称训练，其内容为右手正劈—左手反手劈—右手反手劈与左手正劈—右手反手劈—左手反手劈两段六式循环往复。在传统的菲律宾武术体系中也称其为天地六式。天地六式存在着八种不同的训练形式，下面我们示范其中最常见的 HHH 训练，这里的 H 代表高位或头面，后面出现的 L 代表低位或腿膝。

甲、乙训练双方均右纵步半封闭式对敌姿势相向站立。

双方右手棍做数字 1 攻击，接触后过位至此持棍手对侧肩上，然后左手棍做数字 2 攻击，接触后过位至此持棍手同侧肩上，接下来双方右手棍做数字 2 攻击，接触后反弹至此持棍手对侧手臂腋下。

　　双方左手棍做数字 1 攻击，接触后过位至此持棍手对侧肩上，然后右手棍做数字 2 攻击，接触后过位至此持棍手同侧肩上，接下来双方左手棍做数字 2 攻击，接触后反弹至此持棍手对侧手臂腋下。

　　天地六式 HHH 训练整体动作如图 2-78~ 图 2-89 所示。

图 2-78

图 2-79

图 2-80

图 2-81

图 2-82

图 2-83

图 2-84

图 2-85

图 2-86

图 2-87

图 2-88

图 2-89

除了 HHH 外，天地六式还存在 HHL、HLL、HLH、LLL、LLH、LHH、LHL 七种训练形式。所谓 HHH 指的六式两段攻击均是以对手头面（高位）为目标。HHL 指代的内容是右手正手劈（数字 1）—左手反手劈（数字 2）—右手反手劈对手膝关节（数字 8）与左手正劈（数字 1）—右手反手劈（数字 2）—左手反手劈对手膝关节（数字 8）两段六式的循环往复。其他的天地六式训练形式类同上述二式，这里不再赘述，请实践者自行推演。

天地六式是双短棍训练与应用的最重要技法与形式之一。大量辛瓦里（Sinawali）训练的内容、形式都与天地六式相关，或是对其某式用特定技法加以置换，或是在其基础上进行前延后展等。在实战应用上，天地六式是挥击组合中最为流畅的形式，能够提高攻击的击打密度；在得势后，天地六式是常用的后续补充攻击形式——痛打落水狗常用这个招式。基于上述原因，实践者一定要重视天地六式的训练。练就了天地六式，不夸张地说，你已经真正进入了双短棍体系的门径之内了。

四、右手棍尾劈—左手棍反手劈—右手棍反手劈与左手棍尾劈—右手棍反手劈—左手棍反手劈训练

这组训练与天地六式 HHH 训练比较稍有变化，二者的不同点在于后者用棍尾劈代替了天地六式 HHH 中的数字 1 攻击。

此组训练整体动作如图 2-90~ 图 2-101 所示。

图 2-90

图 2-91

图 2-92

图 2-93

图 2-94

图 2-95

图 2-96

图 2-97

图 2-98

图 2-99

图 2-100

图 2-101

五、右手棍尾劈—扇形攻击—左手棍反手劈—右手棍反手劈与左手
棍尾劈—扇形攻击—右手棍反手劈—左手棍反手劈训练

　　本组训练是在四组训练基础上进行了延展，即在棍尾劈后面接续了扇形攻击；也可以把本组训练理解为"棍尾劈—扇形攻击"代替天地六式 HHH 中的数字 1 攻击。

　　此组训练整体动作如图 2-102～图 2-115 所示。

图 2-102

图 2-103

图 2-104

图 2-105

图 2-106

图 2-107

图 2-108

图 2-109

图 2-110

图 2-111

图 2-112

图 2-113

图 2-114

图 2-115

六、右手棍数字1—左手棍数字2—右手棍数字1与左手棍数字1—右手棍数字2—左手棍数字1训练

　　天地六式 HHH 训练与本组训练比较大有不同，本组动作中三、六式以伞式防御作过渡，把过位的左右手正劈棍从对侧绕过脑后至同侧肩上再次启动过位的正劈。这个动作类似传统中国武术中缠头裹脑刀法。后者正是用这个相对复杂的动作代替了 HHH 训练中的左右手反手挥击后反弹的三、六式动作。

　　此组训练整体动作如图 2-116~ 图 2-123 所示。

图 2-116

图 2-117

图 2-118

图 2-119

图 2-120

图 2-121

图 2-122

图 2-123

七、右手棍数字 1—左手棍数字 2—右手棍数字 1—左手棍数字 2 与左手棍数字 1—右手棍数字 2—左手棍数字 1—右手棍数字 2 训练

这组训练以六组为基础，在原来的三、六式后面各加一式左右棍的大圈反手劈击。

此组训练整体动作如图 2-124~ 图 2-135 所示。

图 2-124

图 2-125

图 2-126

图 2-127

图 2-128

图 2-129

图 2-130

图 2-131

图 2-132

图 2-133

图 2-134

图 2-135

八、右手刺数字 5—右手棍数字 1—左手棍数字 2—右手棍数字 2 与左手刺数字 5—左手棍数字 1—右手棍数字 2—左手棍数字 2 训练

这组训练动作仍以 HHH 训练为基础，在原来的一、四两式前各加了一式刺腹动作。

此组训练整体动作如图 2-136~ 图 2-147 所示。

图 2-136

图 2-137

图 2-138

图 2-139

图 2-140

图 2-141

图 2-142

图 2-143

图 2-144

图 2-145

图 2-146

图 2-147

九、右手棍数字 1 同时左手棍数字 8—左手棍数字 2—右手棍数字 2 与左手棍数字 1 同时右手棍数字 8—右手棍数字 2—左手棍数字 2 训练

　　这组训练仍是以 HHH 训练为基础，只不过是对 HHH 训练的一、四两式以捷打，即对数字 1 与数字 8 的联合动作加以置换。

　　此组训练整体动作如图 2-148~ 图 2-159 所示。

图 2-148

图 2-149

图 2-150

图 2-151

图 2-152

图 2-153

图 2-154

图 2-155

图 2-156

图 2-157

图 2-158

图 2-159

十、右手棍数字 1—右手棍数字 2 同时左手棍数字 8—左手棍数字 2—右手棍数字 2 与左手棍数字 1—左手棍数字 2 同时右手棍数字 8—右手棍数字 2—左手棍数字 2 训练

这组训练还是以 HHH 训练为基础，只不过是在 HHH 训练的一、四两式后面各追加了数字 2 与数字 8 的联合动作。

此组训练整体动作如图 2-160~ 图 2-175 所示。

图 2-160

图 2-161

图 2-162

图 2-163

图 2-164

图 2-165

图 2-166

图 2-167

图 2-168

图 2-169

图 2-170

图 2-171

图 2-172

图 2-173

图 2-174

图 2-175

十一、右手棍数字 1 同时左手棍数字 2—右手棍数字 2 与左手棍数字 1 同时右手棍数字 2—左手棍数字 2 训练

这组训练与前面的训练有一些区别，主要体现在两棍合一实施攻击，下面做动作说明。甲、乙训练双方均右纵步半封闭式对敌姿势相向站立。

双方双棍合一左劈对手头面要害，四棍接触过位至身体左侧，然后右手棍反手挥击对方头面，攻击棍接触后反弹至此持棍手对侧肩前。

双方双棍合一右劈对手头面要害，四棍接触过位至身体右侧，然后左手棍反手挥击对方头面，攻击棍接触后反弹至此持棍手对侧肩前。

此组训练整体动作如图 2-176~ 图 2-183 所示。

图 2-176

图 2-177

图 2-178

图 2-179

图 2-180

图 2-181

图 2-182

图 2-183

十二、交错撩

这组交错撩训练可以说是天地六式的逆向运动。相对于习惯了向下做劈击的实践者而言，开始训练交错撩的时候做起来可能多少有一些难度。但是无论多么困难的动作，只要在正确的前提下，经常做重复练习刺激肌肉记忆，完全掌握就是一个时间问题。

甲、乙训练双方均右纵步开放式对敌姿势相向站立。

双方右手棍左撩，同时左手置于右臂手肘内侧，攻击棍接触后过位至此持棍手对侧胯前肋下位置，然后左手棍做反手左撩，双棍接触后过位至此持棍手同侧肩外，接下来右手从身体左侧做反手右撩，双棍接触后反弹至此持棍手对侧肩前。

　　双方左手棍右撩，同时右手置于左臂手肘内侧，攻击棍接触后过位至此持棍手对侧胯前肋下位置，然后右手棍做反手右撩，双棍接触后过位至此持棍手同侧肩外，接下来左手从身体右侧做反手左撩，双棍接触后反弹至此持棍手对侧肩前。

　　交错撩训练整体动作如图 2–184~ 图 2–190 所示。

图 2–184

图 2–185

图 2–186

图 2–187

图 2-188

图 2-189

图 2-190

第三章

双短棍进阶训练

——流动性练习

双短棍技法实践者在完成了协调性训练之后，就应该进入流动性训练阶段。如果把前面的双人协调性训练看作是招式操手练习，那么流动性训练则可以理解为双人套路的对练。

流动性训练也称链式训练，它是菲律宾武术体系冷兵械斗训练中最具标志性的项目。其具体形式如下——

对练双方中的甲方用不同的攻击技法以较慢或中等的速度（乙方能够反应接受的速度）连续对乙方进行攻击；乙方则用对应的防守技法拦截或闪避攻击，同时借势寻隙反攻甲方。甲、乙双方或变换攻防角色，或维持原来的攻防角色，持续对抗……

从流动性训练的形式与内容可以定性其本质，即"反击—反击"的训练。其训练目的在于提高实践者应急的对应反应变化能力。

第一节　如影随形训练

此训练项目称谓出自训练双方你来我往、你攻我防如影随形般的对抗紧密程度，也就是双方攻防动作非常紧密，形影不离。

如影随形训练具体内容如下——

第一组：对练双方右脚在前开放式对敌姿势相向站立；乙方右手棍数字 1 攻击甲方头面要害，甲方则以伞或脊式予以防御；甲方顺势左手棍外拨乙方的右手棍，同时右手棍数字 1 攻击对手头面；乙方用左手外拨甲方右手棍，同时右手棍收于左腋下，然后右手棍数字 8 攻击甲方的右膝关节；甲方右脚后撤闪避乙方攻击，同时左手棍下砸扣击乙方右手的攻击棍；甲方右脚向前上步至原位同时右手棍数字 5 直刺乙方中盘腰腹；乙方左手棍棍尖向下外格甲方的直刺，同时右手棍于左肩前，接下来乙方顺势右手棍数字 2 反手攻击甲方头面要害。

第一组整体动作如图 3-1~ 图 3-9 所示。

图 3-1

图 3-2

图 3-3

图 3-4

图 3-5

图 3-6

图 3-7

图 3-8

图 3-9

第二组：甲、乙双方互换第一组的攻击角色，完成第一组的对练内容。本组动作说明请实践者自行推演。

第二组整体动作如图 3-10~ 图 3-17 所示。

图 3-10

图 3-11

图 3-12

图 3-13

图 3-14

图 3-15

图 3-16

图 3-17

第二节　开合训练

开合训练在菲律宾武术体系中称为 Gunting。Gunting 本意为"剪刀"，这里是用来描述双短棍的开合动作如同剪刀一样开启与闭合。

开合训练区别于如影随形训练的你攻我防、我攻你防这样的一招一式双方对抗练习形式，其以一方持续攻击，另一方持续防反为特征。从这个层面来看，开合训练已经更具实战培训的意味了——攻击方为陪练员，防反方为被训练者。

开合训练具体内容如下——

乙方上下开放式对阵甲方；甲方右手数字 1 劈击乙方上盘，乙方左手棍由外向内向前拨挂对手的攻击棍，同时用右手棍由外向内挥击甲方的持棍手；甲方右手收至此持棍手同侧肩前，乙方呈封闭式对敌姿势；甲方左手棍挥击乙方中盘，乙方右手棍由外向内挥击格挡甲方的攻击棍，同时左手棍由外向内向下挥击对手持棍手腕；甲方收左手棍于此持棍手同侧肩前，乙方右上左下开放式对敌；甲方右手棍做中盘挥击，乙方右脚向外后撤步闪让的同时，左手棍由外向内拨挂对手的攻击棍，右手棍由外向内挥击对手的持棍手腕；甲方收右手棍至此持棍手同侧肩前，乙方封闭式侧身对敌；甲方左手棍数字 1 攻击乙方头面要害，乙方右脚向前上步同时左手棍由外向内挥击格挡甲方的攻击棍，右手棍由外向内向上回撩甲方的持棍手；甲方左手棍收至此持棍手同侧肩前，乙方恢复开放式对敌姿势；甲方右手棍数字 5 直刺乙方中盘要害，乙方撤步闪让的同时左手棍由外向内拨挂对手的攻击棍，右手棍由外向内攻击甲方的持棍手。

开合训练整体动作如图 3-18~ 图 3-27 所示。

图 3-18

图 3-19

图 3-20

图 3-21

图 3-22

图 3-23

图 3-24

图 3-25

图 3-26

图 3-27

第三节　随机流动性训练

虽然是随机流动性训练，但并非一开始就是对练双方的任意攻防。在前两节规定动作的流动性训练熟练之后，才能进入到随机流动性训练这个层面上来。

随机流动性训练首先从限制有规则练习开始。

一般情况下，陪练方可以按 12 数字攻击依次出招进行攻击，而防反方即训练方则对每次攻击进行相应的防御，然后进行连续不断的多重控制反击，直到陪练方变换攻击而被迫跟随其动作进入到下一个防反中。开始训练的时候陪练方一定要注意动作的速度不要太快，给训练方予以足够的反应时间。

在训练方反应能力提高后，陪练方可以在数字攻击间隔长短、动作速度、变换节奏、数字攻击的有序性等方面进行调整，来增加对抗练习的难度，以深入发掘训练方的各方面身体特质。

在训练方具有一定水平的基础上，对抗训练可以逐渐进入到更深入的层面上来，也就是更自由的随机流动性训练。这个时候，让陪练方随意出招，从任意角度发动攻击，训练方则进行随机的防反应对。

需要说明的是，双短棍对敌，一般打击多以天地六式作为结束动作。

双短棍实战指南
——对抗性练习

第四章

实战训练是双短棍训练程序中最重要的一个环节。其如终极考试前的模拟训练，绝对不能含糊，也绝对不能或缺。否则，缺少这一程序训练就是纸上谈兵。一旦在现实生活中遭遇不测之械斗，你会输得很惨，甚至丢掉身家性命……

我们这个体系的实战训练，不提倡身着护甲互殴式的乱战对抗练习。因为我们训练的终极目的不是竞技——参加对抗比赛，不是得点、得分，而是要在实际高压险境中幸免于难——保护自己、保护他人。基于这个根本出发点，我们更强调的是"喂靶"式操手训练，即陪练者用提前设定的招式攻击防反者，防反者则采用相应的技、战术策略予以应对反击。械斗区别于徒手格斗，在于整个战事的凶险性，即短时间内或者说是一招半式间就能立分高低。因为人体的血肉之躯少有能够承受棍刀类武器的重击猛砍的。拳谚中有"棍无双响"的说法，其意就是指斗棍的胜负即在瞬间就能决出。极具针对性的训练对于考试成绩高低起着决定作用，当然，我们的短棍训练方案的制定也是来自上述那些有针对性的观点。

本教程第三章的第二节开合训练的对练即是"喂靶"式操手，之所以把开合训练安排在第三章而不是本章，其原因在于开合训练属于一个由多个"喂靶"操手组合而成的对抗训练套路，符合第三章的主旨；另外这样做也能让实践者提前对"喂靶"操手有一个感知，利于本章的深入学习。

"喂靶"操手训练仍是一种控制练习，不是全开放无节制练习。在训练过程中，最首要的一点就是不能伤及你的陪练。在学习本章之前，实践者可以适当制备一些训练护具，比如护头或护目镜、护手套，以防意外伤害事件的发生。安全训练是本体系训练的基本原则之一，如果在训练过程经常发生影响自身安全的伤害情况，那么还不如不练。杜绝此类事件发生则需要实践者从思想到行动上予以高度重视。

第一节　武器对战原则

使用冷兵武器对战统称械斗。械斗真正的不二法门就是"同动近取、杀前锋手、断爪夺兵、回环攻击"这四句术语。其是械斗的金科玉律，无论是主动攻击还是防守反击，概莫能外。如果实践者能够明了此中的含义，且在现实生活中又能够适时适当加以运用或者说是能够得到贯彻落实，那么成就个中高手并不在话下。本节我们就双武器对战原则含义与实施心法两个方面加以详细阐述。

一、"同动近取、杀前锋手、断爪夺兵、回环攻击"内含所在

1. 同动近取——同动就是形动影随的移动，始终保持最佳的战略位势；近取，就是攻击最近的目标，以一臂之长欺对手半臂之短。

近取基本上有两种形式：一是攻杀对手突进而来的前锋手；二是攻击对手首先进位的前腿前脚。基于双短棍的攻击技法，实践者更多时候是采用诸如劈、撩、扫之类的弧线攻击正面迎击对手突出的肢体。当然，实践者还可以在闪让对手的同时攻杀对手的突出肢体。

2. 杀前锋手、断爪夺兵，其意是首先攻杀对方的持械手，其乃近取的直接体现，大凡格斗，双方进入攻击范围后，往往是我方的到位同时也是对方的到位，所以杀前锋手是相对非常安全的打法。

这里需要提醒广大实践者，如果对阵双方都是持双武器来进行攻防，那么"杀前锋手说"就可能会出现局限性。这是因为你只是把对手一手的武器给击落，而对手另外手的武器还在他自己的掌控之中，无疑这仍是对你的一种生命威胁。如果对手经验丰富，同时我们自己对此处理得又不好、又不对路数，结果往往会在本来得手的情况下发生反转。换句话说，双武器对战中的杀前锋手应该理解为，是全面解除对手武器控制的意思，而不是单纯地把对手首先发动攻击的那只手拿下。反过来说，如果对手没有经过正确的指导训练，技术粗糙、经验匮乏，即使其双武器在握，也不会发现此中的漏洞。为了更安全起见，实践者确实需要关注这个内容。

下面通过特定战例对此注意事项及其具体的应对方法进行解说。

甲、乙双方分别持双短棍进行对战：甲方右手棍数字 1 右劈乙方头面，乙方右手棍扫拢应对甲方右手棍的攻击，顺势接左手棍反手向右挥击甲方右手腕臂，实施杀前锋手；接下来乙方向前移步欲以右手棍反手挥击甲方头面要害，但此时乙方进入了甲方左手武器的攻击范围内，甲方左手棍既可寻隙直刺乙方中盘，也可以正手挥击杀乙方进攻的右手臂。

解析：乙方之所以在最初得手后最后却受制于甲方，原因就是忽略了甲方双手持械，另外乙方还犯了一个冒进的错误，把自己置身于对手武器的攻击范围之内了。

乙方可以通过两种方式予以应对上述情况——

第一种方法是乙方可以通过步法身法转换维系第一次杀手时双方的间距，如用阴三角步侧向移动到对手的攻击棍外侧，这样既能做到顺利第一次杀手得手，又能避免盲目冒进受到对手另外一手武器的威胁；然后针对对手的另外手武器再做杀手式缴械。

第二种方法是乙方在做第一次杀手缴械的时候，使用"一伏二"的策略，即实践者用实施杀手的短棍或挡在敌我之间，或第一次杀手时把对方持械手或武器直接向对手另外一只手或武器上推送，也就是自己用一棍控制了对手的两棍，从而能够腾出一棍对甲方进行攻击。

3. 回环攻击，就是近取之后的连续攻击，冷兵一发数击，一气呵成，在第一攻击到位后，

后面接续的回环攻击才是真正的追魂索命的攻击！

当实践者手持单短棍应敌的时候，一击得手后招式常以∞字形联络接续攻击，最终完成对对手的打压；而实践者双武器在握的时候，常用于做持续攻击的技法是天地六式。

械斗对战实践者除了用杀前锋手或前锋脚方式开启攻防外，还可以在时机适当的时候采用其攻防同动策略。比如实践者一手棍应对对手攻击，同时用另外那手棍攻击对手要害；再比如实践者让位对手的攻击的同时，攻击对手的要害部位等。

二、械斗心法

冷兵器械极具"锋芒毕露"与"沾身即伤"的特性，这决定了械斗行为一击必杀的风格。所以说参与械斗非常危险，生死将悬于一线。如果条件许可，实践者请尽量避免或远离持械打斗。然而当械斗不可避免，实践者已经参与其中的时候，就需要正确对待了。那么何为正确对待呢？答案就是根除犹豫、当机立断并付诸行动，勇往直前甚至不计后果。

如果你在械斗中心慈手软，犹豫不决，存妇人之仁，定然贻误天赐之战机，那么最终的结果肯定是你自己抛头洒血，能不能站起来就不好说了。但是，我们的社会是一个法治的社会，非特定情况下剥夺他人的性命实在有违社会秩序，不利于社会的和谐发展。基于此，我们在自己持短棍自卫的时候，如果能够得手，需尽可能在对手四肢上做打击，伤及手脚，令对手无法攻击即可。

第二节　典型战例示范

本书的第二章与第三章，虽然各自主旨不同，但二者都是以操手对练的形式予以内容展现的。如果把前面的操手训练放到本章，那么就是特定技法的组合对应着定向的技法应用。只要我们把组合的技法拆解开来，其功用就会立显无疑。

在具体技法使用的时候，实践者以右手棍与左手棍间或为主器械手，另外的那手棍做辅助。在施用上单、双短棍绝对有别，实践者双短棍在握更适用在打斗这个层面上发挥技术性能。至于双短棍在缠斗，诸如擒锁、非杀手式缴械等层面上，其在很大程度上较单短棍技术的运用受限多。所以本章节选取一些具有代表性的打斗操手组合，以战例的形式向广大读者展示其实际用途。

一、渐近间接攻击

需要提前说明的是，训练过程中对战双方的距离介于最大格斗范畴与中等格斗范畴之间。之所以这样定位安排，目的在于把更多技术运用其中，同时这情形也更接近现实状况。如果双方距离过近，影响了短棍技术的发挥，那么实践者可以利用棍尾冲击对手迫使其后退，增加双方间距，然后进而用常规技战术加以应对即可。

第一组战例：应对上盘——数字攻击 1 的防反

对手右手持短棍做数字攻击 1 左劈我方上盘要害，我方右手棍向左扫拢对手的攻击棍，然后左手棍反手左挥对手的持械手，接下来收至左肩前的右手反手向右再次攻击对手的持械手臂，最后左手做数字攻击 1 右劈对手的头面要害。整个动作如图 4-1~ 图 4-5 所示。

图 4-1

图 4-2

图 4-3

图 4-4

图 4-5

对手右手持刀做数字攻击 1 挥砍我方上盘要害，我方左手跟随式扫拢对手的刀背，接下来右手向右做反手挥击攻击对手的持械手臂外侧，最后右手做数字攻击 2 左劈对手的头面要害。整个动作如图 4-6~图 4-9 所示。

对手双手持长棍做数字攻击 1 左劈我方上盘要害，我方双手棍合力向左格挡对手的攻击，然后右手棍顺势刷对手持棍的前手，最后上步用左手棍攻击对手要害。整个动作如图 4-10~图 4-13 所示。

图 4-6

图 4-7

图 4-8

图 4-9

图 4-10

图 4-11

图 4-12

图 4-13

第二组战例：应对上盘——数字攻击 2 的防反

对手右手持短棍反手做数字攻击 2 右劈我方上盘要害，我方右手反手扫拦对手的攻击棍，随后左手挥击对手的持械手，最后右手向左劈击对手的头面要害。整个动作如图 4-14~ 图 4-17 所示。

对手右手持刀做数字攻击 2 挥砍我方上盘要害，我方右手棍跟随式扫拦对手的刀背，随后左手棍向左挥击对手的持械手，最后右手反手右挥对手的上盘要害。整个动作如图 4-18~ 图 4-21 所示。

对手双手持长棍做数字攻击 2 劈我方上盘要害，我方双手棍合力向右格挡对手的攻击，然后左手棍顺势刷对手持棍的前手，最后上步用右手棍攻击对手头面要害。整个动作如图 4-22~ 图 4-25 所示。

图 4-14

图 4-15

图 4-16

图 4-17

图 4-18

图 4-19

图 4-20

图 4-21

图 4-22

图 4-23

图 4-24

图 4-25

第三组战例：应对中盘——数字攻击 3 与数字攻击 4 的防反

对手右手持短棍做数字攻击 3 左扫我方中盘要害，我方左手棍竖起格挡对手来棍，随后右手左劈挥击对手持械手，最后用左手做数字攻击 1 挥击对手的头面要害。整个动作如图 4-26~图 4-29 所示。

图 4-26

图 4-27

图 4-28

图 4-29

对手右手持刀做数字攻击 3 左扫我方中盘要害，我方前（右）脚后撤同时右手棍捷手跟随式拍挂对手的刀背，随即后撤的脚再上步左手棍攻击对手的持械手，最后我方左脚上步同时用右手棍左劈攻击对手头面要害。整个动作如图 4-30~ 图 4-34 所示。

图 4-30

图 4-31

图 4-32

图 4-33

图 4-34

对手双手持长棍做数字攻击 3 挥扫我方上盘要害，我方双手棍合力向左格挡对手的攻击，然后右手棍顺势刷对手持棍的前手，最后上步用左手棍攻击对手头面要害。整个动作如图 4-35~ 图 4-38 所示。

对手持刀反手做数字攻击 4 挥扫我方上盘要害，我方左手棍跟随式扫拢对手的刀背，然后顺势右手反手挥击对手的持械手，最后推步向前用右手反手挥击对手的头面要害。整个动作如图 4-39~ 图 4-42 所示。

图 4-35

图 4-36

图 4-37

图 4-38

图 4-39

图 4-40

图 4-41

图 4-42

第四组战例：应对刺击

对手右手持短棍做数字攻击 5 直刺我方中盘要害，我方右手棍拍挂扫拢对手的短棍，然后顺势用左手棍挥劈对手的持械手，最后推步前行复用右手棍攻击对手的头面要害。整个动作如图 4-43~ 图 4-46 所示。

图 4-43

图 4-44

图 4-45

图 4-46

对手右手持短棍做数字攻击 6 反刺我方中盘要害，我方右手棍拍挂扫拢对手的短棍，然后顺势用左手棍挥劈对手的持械手，最后推步前行复用右手棍攻击对手的头面要害。整个动作如图 4-47~ 图 4-50 所示。

图 4-47

图 4-48

图 4-49

图 4-50

对手双手持械长棍直刺我方头面要害，我方侧闪同时双手棍合力夹持对方长棍（八斩刀技法之合刀），然后左手棍逆格挡过位向前攻击对手的持棍前手，最后复用右手棍反手攻击对手的头面要害。整个动作如图 4-51~ 图 4-54 所示。

图 4-51

图 4-52

图 4-53

图 4-54

对手双手持械长棍直刺我方中盘要害，我方上（右）步侧闪同时用双棍竖起格移对手的长棍，然后左手棍顺势刷击对手持棍的前手，最后左脚上步同时用左手棍挥击对手的头面要害。整个动作如图 4-55~ 图 4-58 所示。

图 4-55

图 4-56

图 4-57

图 4-58

第五组战例：应对下盘攻击

对手右手持短棍做数字攻击 7 下劈我方前腿膝关节，我方前脚后撤让位，左手棍跟随式扫拦对手的短棍，同时右手棍下劈对手的持械手，接下来后撤的脚向前复位右手棍反手劈扫对手的头面要害。整个动作如图 4-59~ 图 4-63 所示。

图 4-59

图 4-60

图 4-61

图 4-62

图 4-63

对手右手持短棍做数字攻击8下劈我方前腿膝关节，我方前脚后撤让位，右手棍跟随式扫拢对手的短棍，同时左手棍下劈对手的持械手，接下来后撤的脚向前复位右手棍反手劈扫对手头面要害。整个动作如图4-64~图4-68所示。

图 4-64

图 4-65

图 4-66

图 4-67

图 4-68

第六组战例：应对正劈

对手双手持长棍攻击正劈我方上盘要
害，我方用脊式或伞式格挡应对，然后左手
棍向外拨挂对手长棍，同时上步用右手攻击
对手持棍的前手，最后再次上步用左手棍攻
击对手的头面要害。整个动作如图 4-69~
图 4-73 所示。

图 4-69

图 4-70

图 4-71

图 4-72

图 4-73

二、直接攻击法

所谓直接攻击，就是对攻，你攻你的，我攻我的，不忌惮于自己被对手击中。这个不是围魏救赵的策略方式，而是充分利用空间差对敌人进行重创性攻击，目的在于一击必杀。当然其施用既需要技巧更需要胆量，二者缺一不可。虽然对攻运用起来确实难度不小，但是真正的高手对攻往往如同虎口拔牙，有惊无险，效果斐然。

第一组战例：让位闪打

承接第六组应对正劈的战例。对手双手持长棍攻击正劈我方上盘要害，我方矮身快速向前跑动，在这个过程中左右棍交替攻击对手的双腿膝关节。整个动作如图 4-74~ 图 4-77 所示，这是一个闪打的典型战例，在让位的同时前行与敌人进行对攻。

图 4-74

图 4-75

图 4-76

图 4-77

对手右手持刀直刺我方中盘要害，我方侧身让位避开对手的直线刺，同时前手棍顺势做短小的弧线刺攻击对手前胸，接下来对对手的持械手与头面做连续的攻击。整个动作如图 4-78~图 4-81 所示。

图 4-78

图 4-79

图 4-80

图 4-81

第二组战例：以直破弧

对手右手持棍左劈攻击我方头面要害，我方直接用前手棍直刺对手头面或咽喉与其对攻，直线路线远远短于对手的大弧线攻击，定然在对手攻击到位前击中对手，所以看似险象丛生，实则一招制敌，得手后可接续对对手的攻击。整个动作如图 4-82~ 图 4-84 所示。

图 4-82

图 4-83

图 4-84

第五章

短棍体系套路训练

——必要的完善练习

套路是完整的武术体系不可或缺的组成部分，其是武术门派发展过程中的必然产物。前面章节中的单操手对练训练与有序的流动性训练都属于双人对抗性套路，本章所涉及的套路，指的是单人演练的单双短棍部分特定动作的有序联络。实践者通过个人套路练习可以提高自己对基本攻防技法动作的记忆与掌握，全面强化手眼身步的协调能力。同时套路练习又是增加功力及培养技击能力的重要方法之一。所以说，实践者想全面提高自身技艺也应该重视套路练习，而不能被片面的套路无用论所蛊惑，极端看待事物并非完全可取。

这部分内容对广大实践者来说可算为一选修项目，如果自己有时间、有精力且热衷于短棍训练，我们认为你绝对需要对本章进行全面深入的学习。相反，如果真是条件所限，也就无须专注本章的个人套路演练了；但是如此一来，你的短棍训练也就出现了一些缺憾。

不同流派短棍体系套路不一，数量与内容多有出入。本章我们将相对简单的单短棍与双短棍的套路各示范一组。

第一节　单短棍初级套路43式

本节所示范的短棍套路共43个动作三个段落。看似内容纷繁复杂多变，其实多为主体招式的重复，学练起来并不困难。第一段主要由69式正反手劈击、反手扫式弹抖和侧身大圈攻击及步法上的进退转身组成；第二段由配步的69式正手劈击、反手扫式弹抖及多角度架挡刺手攻击组成；第三段是结束部分，由69式正手劈击组成。

下面我们对套路具体进行分解（示范者为汤云超）——

第一段

1.汤横步站立，双手握棍两端置于腹前，以此开启整个套路，姿势如图5-1所示；

图 5-1

2. 汤右脚后撤一步、右手持棍左劈，接下来左脚再后撤一步成勾足同时右手棍做二次左劈，最后收至左肩前，动作如图 5-2~ 图 5-4 所示；

图 5-2

图 5-3

图 5-4

3. 汤右手棍由左肩前向前做反手水平弹抖，攻击过中线位后顺势再回弹至左肩前，动作如图 5-5、图 5-6 所示；

图 5-5

图 5-6

4. 汤右脚向前上步成右纵步，右手棍从左肩前向上向前向下向后在身体左侧做大圈攻击，最后收棍至左肩前，动作如图 5-7、图 5-8 所示；

图 5-7   图 5-8

5. 汤左脚向前上步成左纵步，见图右手棍从左肩前向右做反手 69 式右劈，最后左手向前探出，右手棍至于右肩之上，动作如图 5-9~ 图 5-11 所示；

图 5-9

图 5-10

图 5-11

6. 重复动作 2；

7. 重复动作 3；

8. 重复动作 4；

9. 汤左脚向前上步成左纵步，左手棍从左肩前向右做反手 69 式右劈，然后双脚原地拧转身体右转 180°，左手置于胸前，右手棍高举于头上，动作如图 5-12 所示；

10. 重复动作 2，结束动作如图 5-13 所示；

图 5-12

图 5-13

11. 重复动作 3，动作如图 5-14、图 5-15 所示；

12. 右脚与左脚先后向前上步，同时右手棍做反手 69 式右劈，动作结束定位时，左手置于身前，动作如图 5-16、图 5-17 所示；

图 5-14

图 5-15

图 5-16

图 5-17

111

13. 重复动作 2；

14. 重复动作 3；

15. 重复动作 4；

16. 重复动作 5；

17. 重复动作 2；

18. 重复动作 3；

19. 重复动作 4；

20. 重复动作 9。

解析说明：第一段中存在一个由 2、3、4、5 主体动作组合，这个动作组合贯穿于第一段整个过程。示范者首先在其面对的方向上完成了两个 2、3、4、5 主体动作组合；接下来转体顺时针 180° 变换了朝向，而在这个方向示范连续做了三个主体动作组合，不过其在此方向上做的第一个主体动作组合并非完整的 2、3、4、5 主体动作组合，而是 2、3、5 主体动作组合，然后就是两个连续完整的 2、3、4、5 主体动作组合；最后示范者再次顺时针转体 180°，回到了初始面对的方向，做一个 2、3、5 主体动作组合，之后进入第二段。

第二段

21. 重复动作 2；

22. 汤右脚向前上步，同时右手棍由左肩前向前做反手水平弹抖，攻击过中线位后止，动作如图 5-18、图 5-19 所示；

图 5-18

图 5-19

23. 汤左脚提起置于右膝处，以右脚支撑，身体顺时针转 180°，右手棍伞式格挡架于头上，左手顺势前戳，动作如图 5-20 所示；

24. 汤左脚落于身体左侧，右脚顺势插入左脚后成勾足，同时右手棍做 69 式右劈，止动于左肩上，动作如图 5-21 所示；

图 5-20

图 5-21

25. 重复动作 22，动作如图 5-22 所示；

26. 重复动作 23，动作如图 5-23 所示；

27. 重复动作 24，动作如图 5-24 所示；

28. 重复动作 22，动作如图 5-25 所示；

29. 汤左脚提起置于右膝处，以右脚支撑，身体顺时针转 90°，右手棍伞式格挡架于头上，左手顺势前戳，动作如图 5-26 所示；

图 5-22

图 5-23

图 5-24

图 5-25

图 5-26

30. 重复动作 24；

31. 重复动作 22；

32. 重复动作 29；

33. 重复动作 30；

34. 重复动作 31；

35. 重复动作 32；

36. 重复动作 33；

37. 重复动作 34；

38. 重复动作 32，动作如图 5-27 所示；

39. 重复动作 33，动作如图 5-28 所示；

40. 重复动作 34，动作如图 5-29 所示；

图 5-27

41. 汤左脚提起，以右脚支撑，顺时针旋身 360°，动作到位时，右手棍置于右肩前，左手护于胸前，动作如图 5-30 所示。

解析说明：第二段与第一段相类似，也存在着一个主体动作组合，其由撤步勾足配合的 69 式正手左劈接上步的反手扫式弹抖加一个转体架刺组合而成。第二段开始的时候，示范者首先做了两个最后一个动作是顺时针转体 180° 的架刺的主体动作组合；接下来连续做了四个最后一个动作是顺时针转体 90° 的架刺的主体动作组合；最后做了一个动作只是顺时针转体 360° 的主体动作组合。

图 5-28

图 5-29

图 5-30

第三段

42. 汤右脚撤至左脚后，右手棍做 69 式左劈，然后双脚拧动，身右转 90° 同时做反手 69 式右劈，动作如图 5-31~ 图 5-33；

43. 双手持棍，复原为起势。

解析说明：第三段是整个套路的结尾，内容可多可少。比如可以在 43 里再添加适当数量的短棍基本技法等。本节示范属于精简结尾。

图 5-31

图 5-32

图 5-33

第二节　双短棍初级套路32式

实践者在单短棍技术确有一定基础的前提下，可以进行双短棍套路训练。本节给大家提供的双短棍初级套路，其内容主要是针对双手棍69式左右劈、天地六式与交错撩进行配步联络。整个套路由六个段落构成，每个段落所包含的主体动作组合大体相同，区别只在于身形角度微调的不同。主体动作组合的运动路线以直进前行、到位旋转为特征，而这六个段落所组成的整体套路的运动路线则体现为从等边菱形对角线上一点出发，经过对位顶点，以顺时针沿菱形四边运动，最终回到初始位置。

运动路线与对应动作之间的说明

整个套路的运动路线如图5-34所示。其中第一段是示范者从O点出发，沿直线OA运动到A点，在A点完成交错劈撩与69式左右劈；第二段是示范者从A点出发，沿直线AB运动到B点，在B点完成交错劈撩与69式左右劈；第三段是示范者从B点出发，沿直线BC运动到C点，在C点完成交错劈撩与69式左右劈；第四段是示范者从C点出发，沿直线CD运动到D点，在D点完成交错劈撩与69式左右劈；第五段是示范者从D点出发，沿直线DA运动到A点，在A点完成交错劈撩与69式左右劈；第六段是示范者从A点出发，沿

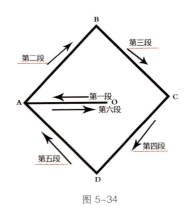

图5-34

直线AO运动到O点，在O点完成交错劈撩与69式左右劈，最终用动作32结束整个套路动作。

下面我们对上述内容进行详细解说（示范者为李硕）——

第一段

1. 李横步站立于O点，双手各自握一短棍一端置于腹前，以此开启整个套路，姿势如图5-35所示；

2. 李沿直线OA运动右脚上步，双棍合一做69式左劈攻击，最后止动于身体左侧肩前，动作如图5-36~图5-39所示；

3. 李右脚微微回收不落地，然后再向前滑落，左脚向前过右脚成勾足（这个动作实质就是向前的跳叉步），与此同时，双手棍做反手69式右劈，双短棍最后止位于身体右侧，动作如图5-40、图5-41所示；

图 5-35

图 5-36

图 5-37

图 5-38

图 5-39

图 5-40

图 5-41

4. 双脚同时左拧，身体逆时针转 180°，站位于 A 点，此时面向 O 点，此时右手棍置于同侧肩上，左手棍置于右腋下，接下来做天地六式，不过最后一式动作是以左手棍右劈至身体左侧后下位，右手做由下向后向上向前的大圈正劈至身体前下方，同时右脚后撤一步，动作如图 5-42~ 图 5-47 所示；

图 5-42

图 5-43

图 5-44

图 5-45

图 5-46

图 5-47

5. 李左手启动交错撩，六式或三式均可，这里示范的是三式交错撩，最后双短棍半封闭式置于身体右侧，动作如图 5-48~ 图 5-50 所示；

6. 李左脚向左后挪步，使得双脚成大间距横步站立，然后身体左转 90° 做双棍合一的 69 式左劈，接下来身体右转 90° 做双棍合一的 69 式右劈，动作如图 5-51~ 图 5-53 所示。

图 5-48

图 5-49

图 5-50

图 5-51

图 5-52

图 5-53

第二段

7. 李右脚沿直线 AB 运动，重复动作 2,动作如图 5-54、图 5-55 所示；

8. 重复动作 3；

9. 重复动作 4，站位于 B 点，面向 A 点；

10. 重复动作 5；

11. 重复动作 6。

图 5-54

图 5-55

第三段

12. 李右脚沿直线 BC 运动，重复动作 2；

13. 重复动作 3；

14. 重复动作 4，站位于 C 点，面向 B 点；

15. 重复动作 5；

16. 重复动作 6。

第四段

17. 李右脚沿直线 CD 运动，重复动作 2；

18. 重复动作 3；

19. 重复动作 4，站位于 D 点，面向 C 点；

20. 重复动作 5；

21. 重复动作 6。

第五段

22. 李右脚沿直线 DA 运动，重复动作 2；

23. 重复动作 3；

24. 重复动作 4,站位于 A 点，面向 D 点；

25. 重复动作 5；

26. 重复动作 6。

第六段

27. 李右脚沿直线 AO 运动，重复动作 2；

28. 重复动作 3；

29. 重复动作 4，站位于 O 点，面向 A 点；

30. 重复动作 5；

31. 重复动作 6。

32. 最后这个动作是收尾动作，右手启动做天地六式的前三式，即右手置于左腋下，左手棍置于左肩前，然后侧身正劈至身体左后方，翻腕向上贴于后背，左手棍前端在右肩上突出；左腋夹住右手棍，腾出右手从右肩前握住左手棍的前端；松左手，右手持原来的左手棍向前劈击，结束整个套路，动作如图 5-56~ 图 5-62 所示。

图 5-56

图 5-57

图 5-58

图 5-59

图 5-60

图 5-61

图 5-62

第六章

解惑答疑若干问

本人从事武术这一行业已经近 30 年了，中途曾经多次想脱离武术放手不干。当然这个不干的原因就是自己不是做生意的料，进一步说就是不会做武术生意，同时又太痴迷学术研究与教学并全身心地投入到此中，致使经济收支不平衡。不过，有多少次放下就有多少次再拾起来。最终自己还是没有说服自己，不得不接着从事这个既棘手又无法摆脱的工作。不过令我非常欣慰的是，由此结识了一些人品过硬的良师益友，同时教学方面也取得了一些成绩——短时间内，学生体质得到了增强，实际的自卫动手能力能够得到提高，所有这些在现实生活中也得到了一一印证——被自己的学生及学生家长认可。

在多年武术传播当中，我接触过许许多多的喜欢武术或与武术相关的朋友。在与大家交流过程中，深感习武之人的不易——众多武友提出了大量的问题。本章节择其中具有典型代表性的疑问辑录于此，并从我个人的角度予以回复解答。不可否认，这些回答也正是我个人武术观的体现。

第一节　冷兵训练五问答

问题一：老师，请问什么样的短棍才是最好的，如何选择或购买，您那里有没有短棍出售？

答：短棍在尺寸上以长度稍稍小于臂长、粗细恰好把握为最佳备选条件，另外要求材质坚硬且具弹性。如果现实中在短棍制备与选择上不具全面的条件，退而求主要也是无可厚非的。

本人这里没有短棍销售，而且我们自己训练也是需要采购短棍的；不过我这里有短棍技术教学可售。现在网络上做武术生意的电商很多，实践者可根据自己的实际需求对各种各样的待售短棍进行选择购置。电商出售的短棍可谓琳琅满目、五花八门——既有各式木质短棍，也有金属短棍，还有橡胶短棍、塑钢短棍、玻璃短棍；既有国内生产的，还有从国外进口的……我个人认为如果实践者不是为了收藏短棍，而是专注于训练与实用，那么建议大家尽可能网购一些物美价廉的短棍，至于那些价格昂贵的产品则不在选择之中。如果非得让我推荐的话，藤质短棍与白蜡杆短棍都是短棍习练者相当不错的选择。

请大家透过现象看本质，不要被花哨的形式与外表所迷惑或局限。谁出售的短棍并不重要，重要的是所购置的短棍是不是有利于自己训练与实际使用。

问题二：请问老师，双短棍技术比单短棍技术高级吗？

答：本质地讲，单短棍技术是双短棍技术的基础，没有单短棍技术也就没有所谓的双短棍技术；双短棍的打击技术可以归纳为是单短棍技术的插花（术语，也就是交错的意思）与回环。在训练当中，实践者最好按照先单短棍后双短棍的顺序来进行。这样的训练程序利于实践者对技战术的掌握，能够极大地提高训练效果与效率。

双短棍技术源自单短棍技术的组合与深入，二者比较起来并非存在哪个低级、哪个高级的说法；单、双短棍是短棍技术体系不可或缺的组成部分。单、双短棍技术实践者运用得当，能够适时起到应有的作用，即是根本。无论是相同的技术还是不同的技术，在不同人的手中，其所发挥的作用是有所不同的。请牢记——真正左右技术发挥的是其实践者，而不是技术本身。

问题三：请问老师，您的双短棍教学怎么没有涉及相关缠斗的内容？

答：缠斗无论训练还是实施相对于打斗都是非常复杂的。之所以这样说，是因为实践者双手持棍，虽然在实施缠斗技法时能够利用到武器的硬度与杠杆性能，但是武器自身的灵活性远远不如双手。如果实践者希望自己在运用双短棍缠斗技法上能够做到游刃有余的话，肯定是需要大量时间来进行训练的。同时基于自卫解脱困境的目的，我们能够用简单方式即打斗解决的问题，就没有必要用复杂的方式来处理。如果实践者确有练习双短棍的缠斗想法，可以联系本人，提供私人教学。

问题四：老师，在您的教程与著作中都曾经提到穿护甲进行对搏的训练内容，而在您的现实教学中却采用无护具或部分护具或全护具穿戴的控制性对抗训练的形式，而没有让学员放手一搏。请问这其中的原因是什么呢？

答：着护具进行无保留发力的对抗训练是传统短棍体系的重要组成项目。这里的护具需要具备高度的保护性能，训练中安全理念应该放到第一位。如果护具缺乏安全防护性能，在全接触无限制的训练中，势必存在安全隐患，一旦出现事故，肯定会给训练人员带来伤害。这是违背我们的健康安全这个出发点的。纵观少得可怜的国内冷兵训练护具提供商，他们所提供的冷兵对抗训练护具，要么是穿戴不全，要么是质量堪忧。无论从护具品种，还是从护具质量与国外同类产品比较都存在一定的差距。基于这个根本的安全性要求的原因，我本人在指导现实的对抗训练的时候，选择了控制性对抗练习。

在实际的训练中我们采用了控制性操手对抗训练代替全接触无限制对抗训练，即攻击一方留力留手，防御一方则严阵以待。这样做既能够让训练双方同时专注训练的安全性，也能够使实践者对技术发挥的控制程度越来越精细。

切记：如果在训练中不具备所需条件，威胁到训练者的人身安全，请不要勉强而为之。盲目跟风模仿，浅尝辄止，并非可取。当然，实践者放手一搏这个环节可以通过打击沙袋、轮胎等方法来体验无保留发力。

问题五：老师，您在单、双短棍教学之后，还有后续的公开的相关棍术项目教学吗？如果有，后续棍术教学特征又如何？

答：在单、双短棍教学之后，我们还将陆续推出棍刀合一训练、半长棍训练及长棍训练。所谓棍刀合一训练，指的是短棍与短刀配合训练，即实践者一手持短棍、另外一手持短刀的技术训练；半长棍指的是棍长介于实践者身高一半到身高的杆棍；长棍训练则指的是长度大于实践者身高的棍技术训练。虽然都是棍的项目技法，而且攻防招式大形相类似，但是由于棍长短有别，决定了各自技术的细节不同。细节决定成败，所以十分有必要对棍刀合一训练、半长棍训练及长棍训练分别做全面讲解。

另外，我们还将推出截拳道概念体系实用防身武器——甩棍独立教学。甩棍是短棍与微短棍（酷巴藤）相对长短的结合体。甩棍技法在本人以往的教学中也曾以案例的形式出现过，但是并非主题所在。基于甩棍在防身自卫上良好的功用与效果，适时推出教学利人利己。

我们的教学，无论是徒手还是器械，都以实用为本，通过短时间的训练让实践者获得最大的防卫动手能力为根本，以应对突发之不策，保护自己与家人。

如果大家对我们后续棍术教学感兴趣的话，请关注微信公众平台：武艺飞扬携梦同行，或添加本人微信 qiaofengJKD，请注明"短棍教学"字样。

第二节　自卫防身四问答

问题六：中华武术源远流长，门派繁多，不乏神功绝技。比如某某掌技可以踏掌瞬间令对手毙命；再比如某某点穴神技更能伤人于无形，点前疼后，定时伤痛而亡；更有大神级人物传授以气制敌、隔空打牛等。如果一个人真的能够练成一门或一项神功绝技，自卫防身肯定是小菜一碟，应对突发冲突定然手到擒来不在话下。请问老师，这种想法可取吗？

答：武术中的神功绝技说最早流行于 20 世纪八九十年代，随着时代的变迁与社会进步，这些玩意儿的欺骗本质逐渐被广大武术爱好者看透，几乎就没了市场。但是近几年来，这些东西却死灰复燃，一些骗子打着复兴传统武术的旗号，将这些糟粕再次堂而皇之放到了台面上来进行兜售，且价格不菲。骗子之所以这样做，就是看到了人们生活水平提高后，某些武术爱好者有猎奇心理。于是这些骗子们采用组团欺骗的形式引君入瓮后，再通过各种欺诈手段达到骗人钱财的目的。

这个问题来我的一个学生。此学生痴迷于武术，凡是有神功绝技，钱少就函授学习，钱多就登门求教。近二十年花费了大量的时间与金钱，神功没有学成，却落下一身伤病，同时精神方面也受到了刺激。该学生 2018 年 9 月期间想去江苏某地学习神功绝技某砂掌，行至南京站转车改乘时出现心理障碍，求助于本人……可怜之人必有可恨之处，你怎么不考虑考虑——如果真有那些所谓的神功绝技，国家政府早就把那些大师请去军警治安部门教学了，神功一发天下乃至世界太平，省去多少周折、节约多少国家开销，可惜的是国家并没有这样做；再者现在信息通达，君不见神功绝技参与的对抗赛事或事件网络视频没有一次不是丢人现眼的……

骗子存在的根源在于存在被欺骗的对象。所以请广大武术爱好者擦亮眼睛，明辨是非，客观地看待武术、看待自卫防身，不要把有限的时间与金钱浪费在不切合实际甚至是子虚乌有的神功绝技上，浪费时间就是浪费生命。请不要做傻子让骗子忽悠了！

问题七：一些专家大师经常呼吁——徒手对抗持械特别是持刀对手的攻击，如同以卵击石、自取灭亡。请问老师，您对这种见解有无异议？

答：俗话说"功夫再高，也怕菜刀"，确实歹徒手握武器，相对于徒手防御者而言自卫难度系数自然增加不少。在现实生活中，如果见到对方手持武器，转身就跑，我感觉这似乎并不是什么权宜之计。跑得开、跑得了、跑得掉也罢——能够避免与持械对手的遭遇战，避免了以卵击石、流血身亡。如果不能跑或跑不掉的情况出现，而且对手一定要致你于死地，那我们唯有束手就擒，听任对手宰割吗？持否定徒手对冷兵观点的大师、专家遇到这种令其绝望的情况，可能除了坐以待毙——闭着眼睛、伸着脖子等死外，应该是别无他计了。即便你是谈判专家，似乎你那张嘴只能呼喊"救命"二字，穷凶极恶的歹徒不会给你自由表达的时间。

在国外，无论是自卫术民间社团组织，还是有政府背景的军警执法部门单位都无一例外设有徒手对器械的训练科目，旨在通过专项练习达到现实冲突中减少伤亡的目的。当然我们的国家相关部门单位做的训练项目中也不乏此类训练。也许有人会反问，国内媒体时不时报道有执法人员被不法分子或歹徒刀伤，以此来佐证上述大师专家观点的正确性。其实出现这种情况的根本原因，在于执法人员疏于专项训练或者说没有更多的时间进行训练。国家特殊部门机构既然设置了这个训练项目，就是相当有必要的，而绝非是形同虚设！

防刀训练是自卫术中一个相当大的课题项目，除了要求技术体系本身科学、实用、高效外，更需要实践者不懈地努力去训练，只有自己的技术水平远远超越对手，才有更大的把握战胜对手。当然这涉及方方面面的内容，也不是几句话能够说清楚、说

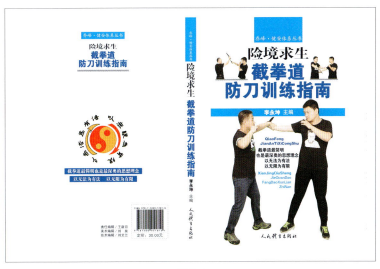

图 6-1

全面的。感兴趣的朋友可以参考本人所著《险境求生 截拳道防刀训练指南》一书，如图6-1所示，该书由人民体育出版社出版。

问题八：老师，当冲突不可避免的时候，我们面对穷凶极恶的歹徒需要如何应对呢？

答：当冲突不可避免的时候，也就注定了你无法逃脱战事。危境在前，我们最需要的是鼓足勇气直面对手，抢占先机——以攻代守，反客为主。

当不法侵害发生的时候，每个人都有自卫的权利，这种权利受到法律的保护，所以自卫行为当属于合理合法的行为。也就是说，在法律上公民具有正当防卫的权利。

正当防卫有一个限度，那就是以对方丧失伤害你的行为能力为止。只要你在对方丧失侵害能力后不再予以实施攻击，那么你此前的行为就不会构成防卫过当。至于你用于令对方丧失侵害能力的攻击的力量大小、伤害轻重，事实上国家法律并没有做出明确的规定与说明。只要在对手丧失了不法侵害能力后，你不再痛打落水狗，你此前的攻击就是合法的。

当不法侵害不可避免的时候，率先攻击同样属于正当防卫的范畴。如果一定要在不法侵害已经造成既定事实之后再实施防卫动作的话，那么这种自卫事实上已经失去了正当防卫的意义所在。当歹徒准备动手时，你就应当机立断消除他的侵害能力。一旦歹徒发起了预定攻击，你再想遏制他就不容易了。常言道"先下手为强，后下手遭殃"，实施正当防卫尤其如此！

近年来国家颁布的新刑法，对正当防卫的法律尺度比过去放宽了许多。另外国家对典型的公民正当防卫案件（例如 2018 年昆山反杀事件）的公正判定，都给予了公民实施自卫的法律信心。所以对于可以确定的不法行为，尽可能大胆地放手攻击对手。"攻击是最好的防卫"，当然，如果你熟悉法律条文，知道若干案例，就会更加理直气壮，出手也会更果断。

除了反客为主首先攻击外，我们更需要拿起武器与歹徒做斗争。

前面已经说过"功夫再高，也怕菜刀"。武器可以弥补自身的功力不足，也可以弥补技战术的不足，可以增强自信心与胆量，所以面对强敌——体格比你壮，技术比你好，斗志比你旺的凶悍歹徒，拿起武器绝对是你明智的选择。

武器可以改变战斗力的强弱，可以弥补兵员不足的劣势，持械可以快速清除障碍，便于流水作业，一个接一个地消灭各个目标，所以面对多数歹徒的围攻时，及时拿起武器做正当防卫是明智的选择。

要想以少胜多，以寡敌众，以弱胜强，那么，就请记住这句话"拿起武器来"！

在生死关头，早一秒钟拿起武器，你就可能早一秒钟脱险，多一份平安的希望；晚一秒钟拿起武器，你就有可能失去生还的机会，失去健康与生命，失去一切……

至于防身武器，可以自备，当然不能是管制物品，也可以临时找器物充当，如果条件允许也可自制。多动脑筋，你会发现身边的武器比比皆是……如果从武器的使用技术层面来说，我建议大家熟练掌握短棍与短刀一些主体技法，这既利于自己使用武器，也利于防御对手的武器进攻。因为短棍与短刀技法可以非常完美地套用到其他形质类似于短棍、短刀的武器中去。

注：上述回答主体内容节选于李紫剑先生的《狂生谈拳录》第六辑。

问题九：请问老师，如何应对多人组团的攻击？

答：俗话说"双拳难敌四手，猛虎还怕群狼"，面对多个敌人的进攻，绝对是非常棘手的事。一旦处理不好，轻则被群殴暴揍一顿，重则可能丢了身家性命。尽管相比之下悬殊的差异使得实践者面临强敌，但是借助于自己的技术、经验及以往相关训练和内在的信心勇气等的贯彻实施，在这样的严峻情况下，实践者同样也有可能幸免于难的。

下面的战术原则可以帮助实践者解决如何应对以一抵众时的险境。为了使其在实际应用中效果更突出，当贯彻这些原则的时候请当机立断，来不得半点含糊。

1. 脱身而逃

面对多人进攻，实践者最好尽快审视一下自身所处的环境，寻觅任何可能脱身的出口，如门、窗、太平梯、安全出口及其他能够让你快速脱离险境的路径。倘若你运气不错的话，或有路可逃，就应该迅速脱身！千万不要认为从险境中逃离是怯懦的表现、是没面子的事。请大家一定要牢记，性命比面子更重要，在自卫中保全性命是无所谓怯懦与勇敢的！三十六计走为上！

2. 利用武器

如果真的无路可逃，那么实践者与对手们做对抗过程中最好能够用武器来支持自己，同时可用武器来震慑对手。如果实践者自己随身携带武器，那当然是再好不过的事了；如果实践者没有携带武器，可以就地取材选择一些便利物品充当武器。无底的裂碴酒瓶、木棒、钢管、铁尺、撬棍、砖石、车锁、钥匙、扫把、腰带乃至杯中的饮料或酒水等都可以充当极好的补偿性武器。

3. 运动战与防包围

与多人交手的时候，应一直保持着快速灵活的位移。多变的移动让对方难以判断你所处的位置，如此不容易被对手击中，而且可以破坏对手的包围之势，同时还可以提高自己的攻击力度。做移动的时候，尽量用小步幅步法来完成。留心地面，切勿蹦跳。

以一抵多自卫最忌被对方包围。一旦被对手包围，实践者每一次出击只能对抗来自一个方向的攻击，对于众敌多角度的同时进攻则表现为无能力。灵活的身步能帮助实践者游移在对手之间而免受包围，不断改变自身位势，使同自己打斗的单个对手与其同伙分离开。实践者应调动自身，利用诸如停放的汽车、建筑物的出入口等环境地形因素来阻止多个对手联手围攻，从而把以一抵众化解为"单打独斗"。

某些所谓的经验者声称可能用背墙而立的方法来避免围攻局面的形成，其实这是极端错误的做法。原因是这不但限制了自身的机动灵活性，同时也削弱了自己的拳脚威力，更可能的是对手抓住你的头后会用力往墙上猛撞。

4. 确定最具威胁性的对手与杀一儆百

实践者在以一抵众的打斗中，应该快速判断出群敌中给自己威胁最直接的那个家伙。通常来说，持械对手最具威胁性。如果众敌都徒手或都持械，相对而言，谁离你最近谁对你的威胁就最大。倘若群敌与你的距离都差不多，那个阻截你退路的人就是最直接的威胁构成者。还有一种情况，就是与你等距离的群敌均对你的退路加以阻截时，相对来说，直接威胁构成者就是匪首，此等人物可能就是那个气焰最嚣张的家伙。

一经确认了对自己威胁最大的对手，实践者就应该快速移至其侧翼，用最富有成效的技法予以其重击，并使其成为自己与其他对手间的屏障。对于一些没有经验的打手来说，其同伙一旦遭到突如其来的重创，由于始料不及的原因会震惊不已。比如对手们看到同伙被裸绞窒息时的惨象，就有可能意志大失，对你的进攻有减缓的倾向；如果伤及气焰嚣张者，则可能利用其作为挡箭牌脱身而退，这就是所谓的自卫术中经常提到的"人盾原理"。

如若还没有脱身的机会，那么就应该采用流水作业的形式去重创下一个对手。请牢记只有

图 6-2

在下列三种情况下才能罢手不战：一是余下对手全部中立，二是余下的对手在你手中"人盾"的号令下放弃武器停止攻击，三是出现脱身出口。

注：上述回答节选于本人主编的《全真全能 截拳道徒手搏技基础训练》一书，如图 6-2 所示，该书由辽宁科学技术出版社出版。

第三节 关于传承与体系

问题十：老师，可否说一下您的武术师承？

答：我先后曾经向四位武术大家进行讨教与学习。他们依次是河南竹林轨迹拳学创始人李紫剑先生，河北霸州心聚六合软手通臂拳嫡系传人李凤澡先生，美国加州国际武术和拳击学院（International Martial Arts & Boxing Academy，简称 IMB 学院）的创办人、总教练理查德·巴斯蒂罗师傅（Sifu Richard S. Bustillo），河北唐山孙氏武学正宗传人邓福明老师。

李紫剑先生，河南巩义市竹林镇人，中国传统武术集大成者，武术革新家，轨迹拳学创始人。先生乃是本人至今唯一一递帖的老师，称师父。图 6-3 所示为先生日常生活照；图 6-4 所示为当年本人与先生合影。

李凤澡先生，河北省非物质文化传承人祖传少祈派软手通臂拳，图 6-5 所示为本人早年与李老师的合影。先生为人真诚，热情开明，破家族不外传之规，广收门徒，诲人不倦，为通臂拳的推广发展废寝忘食、夜以继日。后因积劳成疾突然去世，这实为传统武术界一大损失。

理查德·巴斯蒂罗师傅（1942.1.28 — 2017.3.30），李小龙亲传弟子，多年来奔走于世界各地公开传授截拳道技法与理念，对李小龙思想及技艺的传播和发展有着不可磨灭的贡献。2009 年 10 月由本人与老师沟通开启了中国截拳道李小龙亲传弟子公开教学研讨会的序幕……图 6-6、图 6-7 所示为老师生前与本人的合影照。

邓福明先生，河北唐山丰润人，孙禄堂武术体系（形意拳、太极拳与八卦掌）正宗传人。出版过几十部武术教学视频 DVD，国内外门人弟子众多，并曾远赴国外教学……不惜余力推

图 6-3

图 6-4

图 6-5

广孙氏武学，得到同门的尊重与认可。图 6-8 所示为邓老师教授外国学生照；图 6-9 所示为前些年本人在邓老师家中与老师合影。

这四位老师中李凤澡老师，巴斯蒂罗师傅已经永远地离开了我们，我予以深深缅怀；对于在世的李老师与邓老师，我非常地尊敬与尊重。作为学生的我，非常感恩老师。没有老师无私的传道授业、解惑与教化，在这个行业上也就没有我存在的可能性。

问题十一：老师，请问您教授的武术是一个什么样的体系？

答：我们曾不止一次地提到截拳道技术的本质是自卫术，那么究竟自卫是一个什么样的概念呢？要想回答这个问题，首先需要宽泛地考虑一下武术的分类。通常来说，武术可以分为四个基本类型，即竞技武术、表演性武术、健身武术与纯自卫。

竞技武术就是用来进行比赛的武术，当然这其中既有套路比赛，也有功力功法比赛，还有对抗性比赛。表演性武术就是我们在电影中或是电视上经常看到的那类让人赏心悦目的武术。健身武术就是以强健身体为主要目的的武术，比如某些武术气功等。纯自卫术也叫实战武术或防暴武术，指那些专门用于解决生死或个人安危的武术体系，军警武术是最常见的实战武术，当然也有专业民间自卫术体系，比如以色列自卫术就分军用与民用两类。当然这些不同类别的武术之间有许多相互交错在一起的内容存在，但是它们的练用从目的到本质上却都是截然

图 6-6

图 6-7

图 6-8

图 6-9

不同的，千万不能把各自的功用与训练张冠李戴，否则结果可能就不好说了，比如一些以套路演练主体的武术流派者入戏太深——觉得自己天下第一，无人能敌——最后却在与人交手时输得很惨，成为天下武人的笑料。

纯自卫术与对抗式的竞技武术是两种性质不同的武术体系。当然，这并非否定诸如 MMA 综合格斗比赛类的格斗技术对于实战自卫没有丝毫用处。首先要承认的是 MMA 训练所提供的技术是相当棒的，而且这些技术在一定程度上可以转化为实战格斗技。不过话又说回来，在特殊的环境下一些用于比赛的常规技术的发挥也受到了局限。比如，MMA 比赛都是在垫子上进行的，如果 MMA 拳手在大街上运用倒地技法的话，很可能就会把自己的手肘、膝盖或头骨摔伤。

当然，地面路况的不同只是实战自卫与竞技比赛环境区别的一项内容，其他类似比赛中规则、裁判、铃声及回合制度等在实战中也是根本不存在的。实战自卫与竞技格斗的不同可以这样总结——竞技比赛中双方对抗是在相对公平对等的前提或环境下进行的；而实战格斗则根本没有公平性可言，更多情况下还会涉及非肢体武器的参与。

在实战自卫中获胜就意味着实践者可以安全

地离开险境。换言之，自卫成功会使得实践者获得生存的机会。从这个角度来说，战斗的目标不是技术的运用，而是获得胜利。自卫术不但包括了缠打技术，而且包括了纯粹格斗技术之外的更多内容。

个体能够正常参与社会生活的前提条件是需要其生命存活或存在，而影响人生存最为关键的两个因素就是健康与安全。没有健康势必影响个体的社会生活质量，除了自己痛苦不堪外，还可能拖累其他个体正常的社会活动；如果社会个体的安全没有保障，那么生命可能随时戛然而止。基于上述考虑，多年来在从事武术行业的同时，不断与医学、康复、健身、艺术、宗教等领域相关专家、学者、大德进行跨界学习交流，本着截拳道概念"有无"及"吸收与摒弃"理念，遵循精简实用、科学高效的原则，以正确的人体间架结构维持与正常的内心思想维护并行锻炼为主体，创造性地提炼总结出了乔峰健安体系。

乔峰健安体系也称携梦同行健康安全体系，其可以归类为健康武术与实用武术范畴。关注个体健康的同时专注于个人的安全防卫是本体系的核心所在，其目的旨在让该体系的每个实践者获得身心的健康与应对外部冲突时的自我保护能力。

乔峰健安体系是一个上不封顶的体系，是一个不断进步的体系。如果你认同我们的理念，欢迎加入我们的行列……

问题十二：老师，请问您向学生颁发等级证书吗？您对武术训练证书有何看法？

答：小朋友都喜欢奖状证书什么的，为了鼓励小朋友学习武术，我会按照训练阶段给小学员发一些相应证书的。

对一些跟我学习的成年人来讲，如果你只学了十天半月，我肯定没有证书给你。因为短短时日是学不来功夫的。功夫、工夫就是时间，虽然我强调训练的高效性，但这不等于可以走捷径——说极短时间就能成就功夫，否则就是骗子。

其实更多时候证书代表的只是一种形式，就是你曾经什么时间在哪里学过什么流派的功夫。至于证书的认证性能，个人认为它的这个作用实在是微乎其微的，最好不要夸大。武术不可能与财会、税收、司法、教育这样的直接在社会经济发展中充当重要角色的行业比肩，政府也不可能运用国家强制力来约束武术行业。所以武术认证在中国乃至在世界都没有一个完全被认可的统一行业组织，也没有一套让所有业内人士都完全接受的公正客观的考试鉴定方法。一句话，武术统一认证的情况是根本不存在的。借用会计行业的一句话，我个人觉得更应该遵循实质大于形式的原则来理智地看待这个武术训练证书的问题。当然，上述观点只是我个人的一些想法、看法，对其他人并没有任何约束性可言。